信息分析心理学

Psychology of Intelligence Analysis

[美] 小理查兹·J. 霍耶尔　著
（Richards J. Heuer, Jr.）

游寒琳 等译

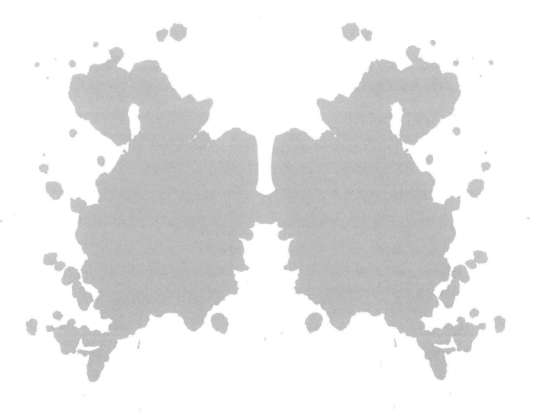

机械工业出版社
CHINA MACHINE PRESS

图书在版编目（CIP）数据

信息分析心理学 /（美）小理查兹·J. 霍耶尔（Richards J. Heuer, Jr.）著；游寒琳等译. —北京：机械工业出版社，2023.6
书名原文：Psychology of Intelligence Analysis
ISBN 978-7-111-73259-4

I.①信… II.①小… ②游… III.①情报分析—认知心理学—研究 IV.①G252.8 ②B842.1

中国国家版本馆 CIP 数据核字（2023）第 113899 号

机械工业出版社（北京市百万庄大街 22 号　邮政编码 100037）
策划编辑：向睿洋　　　　　责任编辑：向睿洋
责任校对：王荣庆　张　薇　责任印制：单爱军
北京联兴盛业印刷股份有限公司印刷
2023 年 8 月第 1 版第 1 次印刷
170mm×230mm·12.5 印张·1 插页·153 千字
标准书号：ISBN 978-7-111-73259-4
定价：59.00 元

电话服务　　　　　　　　　网络服务
客服电话：010-88361066　　机　工　官　网：www.cmpbook.com
　　　　　010-88379833　　机　工　官　博：weibo.com/cmp1952
　　　　　010-68326294　　金　　书　　网：www.golden-book.com
封底无防伪标均为盗版　机工教育服务网：www.cmpedu.com

我的第一份工作

1

二十年前，我刚毕业时，第一份工作其实是在清华紫光。那时，清华紫光资助抑郁症治疗大师贝克的弟子、好友徐浩渊博士，成立了一个心理学新部门。我作为这个部门唯一的男生，负责认知行为疗法在线系统的开发。

是的，你没看错，是贝克，就是认知行为疗法的发明者，也是目前公认权威的抑郁症自评量表的作者贝克。

那时，整个部门初创，包括徐浩渊老师在内，只有四位同事。徐浩渊老师是一个大顽童，对拯救国民心理健康充满极大热情。

我以为，这份工作会持续很久，但意外发生了，我生病了，不得不离开项目。

休养身体的几个月里，我帮中国科学院心理研究所的一位导师做了一些项目，以此谋生，顺便拜托他帮忙找了一份工作。

没想到这份工作，竟然还是在清华大学的下属企业里。原本老总（清华大学的一位校领导）招聘我的初衷，是与这位导师联合成立人力资源咨询部门，我来负责这个部门。遗憾的是，拖拖拉拉，这个部门到我辞职时还没成立。

在这期间，我与公司已有成熟业务的团队合作，这就是我的第一份正式工作——企业竞争情报咨询。

2

人们很容易将这份工作理解为商业间谍，然而事实并非这样。我的工作并不与窃听等打交道，而是在写字楼里写报告，待在图书馆中，在大量商业数据库里检索，去客户公司那边做调研。

但在某种意义上，这份工作又的确需要像情报工作一样，从业者必须有敏锐的商业嗅觉、强悍的信息处理能力，这样才可以给客户提供一份正确的决策建议。一份不是商业间谍，但又会直接影响一些重大项目的决策的工作。

第一份工作的确会对人的职业素养影响深远。那时形成的信息分析能力，在我之后二十年的职业生涯中，一直起到无比巨大的作用。

当时入门企业竞争情报分析时，我不由得思考：我受过的心理学训练如何与竞争情报工作结合呢？找啊找，最后在美国中央情报局（下文简称"中情局"）的一位资深专家身上找到了答案。

他正是小理查兹·J.霍耶尔。霍耶尔拥有六十多年的美国情报界工作经历，在情报分析、反情报分析等领域享有盛誉。因贡献卓著，曾荣获中情局、美国国会、国际情报教育协会（IAFIE）等颁发的多种奖项。

霍耶尔与谢尔曼·肯特（Sherman Kent）、罗伯特·盖茨（Robert Gates）、道格拉斯·麦凯钦⊖（Douglas MacEachin）三人并称美国中情局四大功臣，四人为美国情报体系的建设立下了汗马功劳。

如今各位读者面前的这本《信息分析心理学》，正是霍耶尔的经典名作。在这本书中，他第一次将认知心理学知识引入到情报分析工

⊖ 道格拉斯·麦凯钦是中情局前副局长。在中情局工作了32年后，他于1997年退休，并成为哈佛大学约翰·肯尼迪政府学院的一名高级研究员。

作中。

作者首先在本书的第一部分中介绍了人类信息加工的基本机制，继而在第二部分中探讨了人类信息加工的局限及相应解法——一个又一个巧妙的思维工具，最后在第三部分中深入探讨了各种认知偏差如何影响我们对信息的收集与加工。

它不仅是一本情报工作者的必读之作，也是一本很好的认知心理学科普著作。

3

在本书所有内容中，我印象最为深刻也最想推荐给大家的内容，是霍耶尔发明的竞争性假设分析法（ACH 法），也就是书中第 8 章详细介绍的内容。

什么是竞争性假设分析法？它是由霍耶尔提出的一种情报分析方法，它要求分析人员尽量列出更多"假设"，然后让这些假设相互"竞争"，所以被称为"竞争性假设分析法"。其中，哪一个假设更容易胜出，看的是证据。更具体地来说，竞争性假设分析法可以分为八个步骤：

（1）头脑风暴，列出可能的假设。

（2）列出每个假设的支持与反对的证据（论据）。

（3）构建"假设－证据"矩阵。

（4）完善矩阵，剔除明显不具诊断性的假设与证据。

（5）就各个假设得出初步结论，尝试证伪假设。

（6）分析结论对少数关键证据的敏感度。

（7）报告结论。

（8）明确未来观察中应注意的标志性事件。

在实际操作时，我们往往并不需要严格遵守八个步骤，但至少都会构建一个"假设-证据"矩阵。人在做决策的时候，很容易受认知偏差影响，尤其会忽略备择假设。"假设-证据"矩阵其实就是让你一上来就充分考虑所有的假设，在更大的范围内列举证据，列出每一条"假设-证据"的关系。再看看假设与证据之间是不是存在一致性，证据是支持还是不支持假设，你可以用加和减来表示。如果支持，记为"＋"；如果不支持，则记为"－"。经历一轮判断之后，更容易胜出的假设自然一目了然。再重新组织形成新的假设，不断重复这一过程。这就是竞争性假设分析法的主要过程。

人生有一些重大决策，比如，第一次买房、第一份工作。这些都特别适用于竞争性假设分析法——你需要权衡多个因素。受限于工作记忆广度，人没办法在假设和证据的总数超过 4 个时，同时考虑它们之间的关系。你可以在纸上一条一条列出来，一条一条去评估它们之间的关系，最终能够得出一些更好的结论。

4

令我没想到的是，多年后我会再次回到情报分析领域。当我追溯自己过往的知识体系，试图整理出对知识工作者最有用的知识时，我才发现，第一份工作的情报分析训练让我受益了十余年。

从 2018 年开始，我开设了一个系列课程——英才四课。英才四课是我的野心，我尝试为 21 世纪的知识工作者建立一套快速提升高级认知能力的课程体系。其中的第一门课就是"信息分析"，它侧重提高人获取信息的速度与准确度。在整个信息分析课程设计里，我强调三个高阶模型：全局认识、交叉验证与有趣度。著名生物学家理查德·道金斯也强调了与交叉验证类似的方法——双盲实验。而交叉验证的拓展——竞争性假设分析法，即来自本书。

你看，读书读的还是背后的人、背后的事、背后的知识体系。

当任何一件事情，以十年、二十年的大时间周期来观察时，你总会有很多意想不到的收获。

如果二十年前，初出茅庐的我，执着于自己是一位心理系毕业生，对不得不从事的企业竞争情报工作敷衍了事，那么，我极可能错过提高自己信息分析能力的机会。我更不会想到，二十年后的某天，自己会开设一门"信息分析"课程、撰写相关图书，并为各位读者推荐霍耶尔的这本书。

人生就是这样兜兜转转，你永远不知道，早期的某项积累，未来会以何种形式派上用途。

与其追求知识的可用性，不如追求知识的趣味性。

是为序。

阳志平

安人心智董事长，"心智工具箱"公众号作者

2023 年春于北京

道格拉斯·麦凯钦

我第一次接触到霍耶尔的作品是在 18 年前，那时我作为情报分析员的职业生涯刚好过半，我至今仍记得他的作品在当时给我留下的深刻印象。现在十几年过去了，随着情报分析经验的不断丰富，以及近二三十年来有机会利用苏联和华约国的档案资料研究很多历史事件，我在阅读霍耶尔的最新著作时，产生了更深的共鸣。

我在与中情局官员的接触过程中，发现他们中的许多人对分析的认识论方面的论文往往持怀疑态度。这是可以理解的。因为很多时候，这类论文最后都是把一些模型当作问题的答案。但这些模型对于情报分析的实际价值却微乎其微，因为情报分析并不是发生在学术研讨会上，而是发生在政策快速变化的真实世界中。但这并不是霍耶尔在本书中要解决的主要问题。

霍耶尔对人类思维是如何建立起模型来处理信息的，进行了清晰且有效的研究。正如霍耶尔的研究表明，建立模型以处理信息是人类认知过程的自然功能的一部分，并不是情报学所独有的认知现象，并且已经在医学、股票市场分析等领域被观察到了。

分析过程本身强化了人脑的这种自然功能。分析通常涉及创建模型，尽管在实际过程中它们可能不被叫作"模型"。我们会对因果关系提出一定的理解和期望，然后通过这些模型或过滤器来加工和解释信息。

我认为，第 5 章中关于新信息价值有限的讨论值得特别关注，尤其是对情报组织来说。该章说明的是，新获取的信息往往仍被放在已有分析模型中进行评估和处理，而不会被用于重新评估模型本身是否正确。这一人类自然倾向的不利影响正是情报组织存在的理由：它的目的是获取只有通过秘密手段才能得到的特殊关键信息，并将这些信息与现有的知识库结合起来进行分析。

我怀疑，任何资深的情报官员在阅读本书时都会不由自主地回想起一些案例，在这些案例中，霍耶尔所描述的心理过程曾对分析质量产生了不利的影响。你是否遇到过这样的情况：基于扎实的专业知识得出了完全合理的前提，然后基于该前提推论出逻辑上有效的预测（组织内几乎一致同意），但结果却被证明是完全错误的？在这样的情况中，有多少是我们事后才认识到问题不在于逻辑，而在于某个前提是错误的（尽管在当时看起来似乎是合理的）？又在多少情况下，我们不得不承认错误的前提并非来自经验，而是来自模型本身（有时称为假设）？而又在多少情况下，如果能获得可质疑一个或多个前提的信息，那么相关前提的变更将必然带来分析模型的改变，并导致不同的结果？

大量获取专业知识通常被认为是弥补情报分析和估计不足的有效措施，尤其是在情报出现"失误"之后。霍耶尔的研究和他所引用的报告对这一传统观念提出了严峻的挑战。数据表明，专业知识本身也会受到人类思维过程中普遍存在的分析陷阱的影响。这一点已在情报分析之外的许多领域中被证明。

对有名的情报失误的回顾表明，分析陷阱对专家和普通人是一样存在的。事实上数据表明，当专家落入这些陷阱时，对专业知识的信心（不管是专家自己的看法还是别人的看法）会让影响更加严重。

上述研究发现不应在任何层面上被解读为对专业知识的贬低。相反，我在情报分析领域 30 多年的经验使我更倾向于这样的观点：尽管有无尽的关于信息过载的警告，但专业知识或信息过多的情况并不存在，并且，根据我对中情局分析员和与他们一起共事的知名专家的观察，我坚信对专业知识的贬低和攻击是完全错误的。两者最大的不同在于后者可以通过发表公开的文章来提高声誉，而前者则在相对封闭的环境中工作，面对的是情报界最挑剔的一批人——制定政策的人。

霍耶尔在报告中传递的信息是，信息和专业知识让情报分析成为特殊的智力产品，但它们只是必要非充分条件，分析科学在情报分析中也同样重要。对分析科学的运用必须从清楚地了解主要分析机制——人类思维的内在优势和劣势以及它处理信息的方式开始。

我认为，情报分析员如何定义自己受到一个重要文化因素的影响：我们是受雇于中情局的领域专家，还是能迅速适应各种问题并有效分析它们的职业分析员和情报官员？在世界范围内，领域知识远比分析科学和人类对信息的思维处理的专业知识多得多。霍耶尔明确地表示，人类思维过程中的陷阱无法被解除，它们是我们的一部分。我们可以做的是训练人们如何寻找和识别这些思维障碍，以及如何制定相应的程序来抵消这些障碍的影响。

鉴于分析科学对情报任务的顺利完成至关重要，霍耶尔在书中提出了一个关键问题：我们对分析科学是否付出了足够的努力以达到专业要求？如何比较该领域与其他领域（比如，分析员写作技能的培养）在努力和资源上的投入？

霍耶尔在书中并未假装就上述话题得出最终结论。希望本书能激发更多人对该领域的兴趣。

本书汇集了中情局情报分局 1978 年至 1986 年的内部文章，并在出版前经过了编辑、更新和补充。其中，有四篇文章也曾在同时期的情报界期刊《情报研究》（*Studies in Intelligence*）上发表过。书中的信息不会随时代的变迁而过时，仍能给永无止境地追求更好的分析的人们带来启示。

这些文章以认知心理学的研究为基础，这些研究揭示了人们如何在信息模糊和不完整的情境中对信息进行加工并做出决策。我选择了那些与情报分析最相关、有必要让情报分析人员了解的实验和发现。然后，我将专业的实验报告翻译成情报分析人员能够理解的语言，并解读这些发现与情报分析人员所面临问题的相关之处。

书中呈现的内容是一个折中后的结果，它可能并不会让心理学研究者或情报分析员感到完全满意。认知心理学家和决策分析员可能会抱怨内容过于简单，而非心理学背景的读者则不得不接受一些新的术语。不可否认的是，心理过程是如此复杂，以至于讨论这些过程确实需要一些专业词汇。那些理解并深谙情报工作本质的情报分析员，在阅读本书时应该不会有困难。而那些之前从未涉足过该领域的人可能在阅读时需要付出很大的努力。

在此，我要感谢所有对本书的初稿提出意见和建议的人：杰克·戴维斯（Jack Davis），四位不能透露姓名的情报分局前分析员，我现在的同事西奥多·萨尔宾教授，以及我在中情局情报研究中心的编辑汉克·阿佩尔鲍姆。他们都提出了许多内容上和编辑上的建议，为本书的出版提供了很大帮助。

小理查兹·J.霍耶尔

第四部分　结论

Psychology

—— of ——

Intelligence

Analysis

第一部分

我们的心理机制

第 1 章

对思维过程的思考

有多种因素会阻碍人们获取的情报的准确性，而在它们之中，人类思维过程本身所固有的弱点，无疑是最重要和最难处理的。情报分析本质上是一个思维过程，但我们对该过程的了解被人无法意识到自己头脑的工作机制这一点所阻碍。

认知心理学的一个基本发现是，人们无法意识到自己大脑中发生的大多数事情。与知觉、记忆和信息加工相关的许多功能，是先于意识并独立于意识的。意识中自发出现的东西是思考的结果，而不是思考的过程。

人类思维过程中固有的弱点和人类的认知偏见可以通过精心设计的实验被我们发现。而如果我们能在思维时有意识地应用那些在情报分析中已被普遍使用的工具和技术，这些弱点和偏见可以被避免。

○　○　○

"当我们谈到提升思维的质量时，'思维'一词通常指的是信息或知识的获取，或是指某人应该怎样去思考，而并非指大脑的生理机能。我们花在监控自己思考上的时间太少了，也很少将自己的思考过程与更精致的完美思考过程进行比较。"⊖

⊖　James L. Adams, *Conceptual Blockbusting: A Guide to Better Ideas* (New York: W. W. Norton, second edition, 1980), p. 3.

当我们谈到改善信息分析工作时，我们通常讨论的是对写作质量、分析工具的类型、情报分析员与情报消费者之间的关系或者组织的分析过程的改善。很少有人关注如何改善分析员的思维方式。

分析性思考是一种技能，就像木工或开车一样。它可以被教，可以被学，并且可以通过实践得到提高。但是，就像许多其他技能（例如骑自行车）一样，分析性思考是无法只通过坐在教室里听老师讲就学会的。分析员在实践中学习。在不付出任何自觉努力的情况下，多数人可以在完成学业后获得一定的分析性思考能力。而通过付出大量的努力，分析员的分析性思考能力可以达到非常卓越的水平。

经常跑步可以提高耐力，但没有专家的指导人们无法提高跑步技术。同样地，如果想要达到情报分析的最佳水平，人们需要专家的指导来改正长期形成的分析习惯。因此，分析教练员帮助年轻分析员打磨他们的分析技巧，是对课堂教学的宝贵补充。

动力是成功习得分析技巧的关键之一。中情局一些最好的分析员，正是在职业生涯早期经历了失败的分析之后成长起来的。失败让他们对自己的分析方式更加有觉察，并且使他们的头脑变得敏锐。

本书旨在帮助情报分析员提升情报分析的水平。我们将讨论人们如何根据不完整和模棱两可的信息做出判断，同时会提供用于提高分析技能的简单工具和方法。

本书第一部分指出了人类思维过程一些固有的局限性。第二部分讨论了分析技巧，也就是可以帮助我们克服固有局限、能让我们用更系统的方式思考的简单工具和方法，这部分的第 8 章无疑是最重要的一章。第三部分介绍了认知偏差，这是个专有名词，专指由简化的信息处理策略带来的可以预见的思维误区。最后一章为情报分析员提供了一个检查清单，并为情报分析的管理者如何创造一个让精良的分析越来越多的环境提供了建议。

赫伯特·西蒙（Herbert Simon）最先提出了"有界"或有限理性的概念。^㊀他认为，由于人类智力的局限性，我们的头脑难以直接应付复杂的外部世界。因此我们构建了一个对现实进行了简化的心理模型，然后在实际生活中使用这个简化的模型。我们在心智模型的范围内表现得理性，但是这个模型并不总是能很好地适应现实世界的要求。有限理性的概念尽管尚未被所有人接受，但已被广泛地认可。这一概念既是对人类如何做出判断和选择的准确阐述，又有助于人们调整观念，认识到人类思维固有的局限性。^㊁

有关知觉、记忆、注意广度和推理能力的许多心理学研究都证明了西蒙发现的"心理机制"中的局限性的存在。许多学者已经将这些心理学洞察应用到了对国际政治行为的研究中。^㊂类似的心理学观点也出现在某些论述情报失败和战略意外的著作中。^㊃

㊀　Herbert Simon, *Models of Man*, 1957.

㊁　James G. March., "Bounded Rationality, Ambiguity, and the Engineering of Choice," in David E. Bell, Howard Raiffa, and Amos Tversky, eds., *Decision Making: Descriptive, Normative, and Prescriptive Interactions* (Cambridge University Press, 1988).

㊂　Among the early scholars who wrote on this subject were Joseph De Rivera, *The Psychological Dimension of Foreign Policy* (Columbus, OH: Merrill, 1968), Alexander George and Richard Smoke, *Deterrence in American Foreign Policy* (New York: Columbia University Press, 1974), and Robert Jervis, *Perception and Misperception in International Politics* (Princeton, NJ: Princeton University Press, 1976).

㊃　Christopher Brady, "Intelligence Failures: Plus Ca Change. . ." Intelligence and National Security, Vol. 8, No. 4 (October 1993). N. Cigar, "Iraq's Strategic Mindset and the Gulf War: Blueprint for Defeat," *The Journal of Strategic Studies*, Vol. 15, No. 1 (March 1992). J. J. Wirtz, *The Tet Offensive: Intelligence Failure in War* (New York, 1991). Ephraim Kam, *Surprise Attack* (Harvard University Press, 1988). Richard Betts, *Surprise Attack: Lessons for Defense Planning* (Brookings, 1982). Abraham Ben-Zvi, "The Study of Surprise Attacks," *British Journal of International Studies*, Vol. 5 (1979). *Iran: Evaluation of Intelligence Performance Prior to November 1978* (Staff Report, Subcommittee on Evaluation, Permanent Select Committee on Intelligence, US House of Representatives, January 1979). Richard Betts, "Analysis, War and Decision: Why Intelligence （转下页）

本书与上述作品的不同表现在两个方面。首先，本书从情报分析员的角度而非政策制定者的角度来剖析问题。其次，它主要通过认知心理学的实验而不是外交和军事中的历史事件来阐述心理过程的影响。

本书的重点是阐明观察者在判断观察内容和如何解释这些内容上所起到的作用。人们根据感官提供的信息来构建自己的"现实"版本，但是感官的输入会受到复杂的心理过程的影响，这些心理过程决定着人们关注哪些信息，如何组织信息以及赋予它们什么含义。人们感知到的内容、他们认知信息的难易程度以及他们接收到信息后如何处理，都受到过去的经验、教育背景、文化价值观、角色要求、组织规范以及信息本身特点的强烈影响。

这一过程可以被形象地看作通过镜头或屏幕来感知世界，镜头或屏幕可以引导和聚焦，从而可能会扭曲人们对世界的感知。打个比方，为了尽可能透彻地了解某国，分析员需要的不仅仅是有关该国本身的信息，他们还需要了解自己用于获取这些信息的"镜头"。这些镜头有许多为人熟知的术语，包括心理模型、思维定式、偏见和分析假设。

在本书中，心理模型和思维定式这两个术语内涵差不多，可以替换使用；但相比于思维定式，心理模型这一概念发展得更完善、表达得也更清晰。分析假设则是心理模型或思维定式的一个组成部分。本书中所讨论的偏见来自大脑工作的机制，与任何具体的心理模型或思维定式

（接上页注）Failures Are Inevitable," *World Politics*, Vol. 31, No. 1 (October 1978). Richard W. Shryock, " The Intelligence Community Post-Mortem Program, 1973-1975, " *Studies in Intelligence*, Vol. 21, No. 1 (Fall 1977). Avi Schlaim, " Failures in National Intelligence Estimates: The Case of the Yom Kippur War, " *World Politics*, Vol. 28 (April 1976). Michael Handel, *Perception, Deception, and Surprise: The Case of the Yom Kippur War* (Jerusalem: Leonard Davis Institute of International Relations, Jerusalem Paper No. 19, 1976). Klaus Knorr, " Failures in National Intelligence Estimates: The Case of the Cuban Missiles," *World Politics*, Vol. 16 (1964).

无关。

心理分析员在获得执业许可证之前需要接受心理分析，这样才能更好地了解自己是如何与周遭环境交互的。这种培养心理分析员的做法并没有成功到需要被情报界和国际政策界所效仿的程度。但是它强调了一个有意思的观点：分析员在理解别人之前，必须先了解自己。他们要通过训练来：①对人们在看待和分析判断外国事件时可能遇到的一般性问题，提高自我意识；②根据指导克服这些问题并练习。

然而目前针对分析员自身思维过程的训练并不多。对情报分析员的培训通常是关于组织章程、方法技术或者专题实践的。应该将更多的培训时间分配给思维训练或分析训练，因为"分析人员知道如何进行分析"这个假设是不正确的。本书旨在为情报分析提供训练支持，让情报分析员可以检查自己的思考和推理过程。

正如下一章所述，思维定式和心理模型的存在是不可避免的。它们的本质是我们对一个主题所有认知的精炼。因此需要关注的问题是，在面对瞬息万变的世界时，人如何确保思维开放以接受不同的解释。

思维定式的危害在于它可以影响和控制我们的感知，使得即使经验丰富的专家在面对新的和未曾预料到的情况时，也可能弄不清事情的真相到底是什么。也就是说，在需要对思考模式做出重大转变时，深入某个领域的分析员有可能是最无知的。比如，这样的事就曾在德国统一前发生过：一些德国专家是在有着更广泛知识面的主管的督促下，才意识到东西德国统一所产生的剧烈变化意味着什么。

而思维定式的好处在于可以帮助分析员按时完成任务，并且在历史的重要转折点或社会发生重要变革来临之前，它们能帮助分析工作更有效地进行。⊖

⊖   这段措辞来自我与中情局前分析员、作家和教师杰克·戴维斯的讨论。

上一代情报分析员中，很少有人对自己分析的过程进行觉察和自省。大家对于获取知识的共同观点是，只需要睁开眼睛看清事实，同时清除所有先入为主的预设和偏见，就可以做出客观的判断。

如今，人们越来越深刻地认识到情报分析员不会不带假设地去执行任务：事实上他们是从一组假设出发来开始工作的，这些假设通常与他们所负责的领域的事件是如何发生的有关。尽管这一观点已成为老生常谈，但情报界才刚刚开始触及它的皮毛。

如果分析员对事件的理解很大程度上受其感知这些事件的思维定式或心理模型的影响，那么我们是否应该进行更多的研究以探索和记录不同心理模型的影响呢？ [⊖]

尽管在许多情况下分析员所拥有的信息已经过载了，超出了他们自身的信息加工能力，但情报界对许多问题的处理方式仍然"是收集更多的信息"。分析员需要的是真正有用的信息，尤其是来自有真知灼见的内部人士的可靠情报，来帮助自己做出明智的决策。或者，他们需要的是一个更准确的心理模型和更好的分析工具，以帮助他们梳理、理解并最大限度地利用已有的模棱两可和相互矛盾的信息。

心理学研究还为情报分析员提供了关于情报分析的其他洞察，但这些洞察不在本书的讨论范围内。分析员如何看待和处理信息只是影响情

⊖　格雷厄姆·艾利森（Graham Allison）在古巴导弹危机方面的工作（《决策的本质》，1971）就是我脑海中想到的例子。艾利森提出了三种关于政府运作方式的假设：理性行为者模型、组织过程模型和官僚政治模型。然后，他说明了分析员关于什么是最适合分析外国政府行为的模型的内隐假设，会如何让他聚焦在不同的证据上，从而得出不一样的结论。另一个例子是在克格勃叛逃者尤里·诺森科（Yuriy Nosenko）的争议案件中，我自己做出的替代反间谍判决的五类方案分析，请参见：Richards J. Heuer, Jr., "Nosenko: Five Paths to Judgment," *Studies in Intelligence*, Vol. 31, No. 3 (Fall 1987), originally classified Secret but declassified and published in H. Bradford Westerfield, ed., *Inside CIA's Private World: Declassified Articles from the Agency's Internal Journal 1955-1992* (New Haven: Yale University Press, 1995).

报分析的一类因素——在实际工作中，情报分析员往往以小组为单位，供职于一个大型的官僚机构中，因此在个体、小组和组织层面都有固有的问题会影响到情报分析工作。本书重点关注分析员心理过程中的固有问题，因为这些问题可能是最隐蔽的。分析员可以观察到小组和组织中存在的问题，但对自身心理机制进行清醒的自我觉察是非常难的。

第 2 章

知觉：我们为什么看不到眼前的东西

　　知觉过程使得人们可以和周围的环境建立起联系，因此它对于我们准确地理解自己所处的世界是非常重要的。准确的情报分析显然依赖于准确的知觉。然而，对人类知觉的研究表明，知觉过程充满了陷阱。此外，情报分析所处的环境恰好是最难以获得准确感知的环境。本章讨论一般意义上的知觉，然后运用这些信息来阐明情报分析的困难之处。[⊖]

○　○　○

　　人们倾向于将知觉视为被动的过程。我们看到、听到、闻到、尝到或感受到的东西冲击着我们的感官。我们认为自己是非常客观的，可以记录下实际存在的东西。然而，知觉已被证明是主动而非被动的过程，它构建而不是记录"现实"。知觉意味着理解和察觉。它是一个推理的过程，在此过程中，人们根据五官感觉提供的信息来构建自己的现实版本。

　　如前所述，普通人和分析员能感知到的内容，以及他们是否容易感知到那些内容，不仅受到他们感官的影响，也受到他们过去经验、教育背景、文化价值观和角色要求的强烈影响。

　　已经有许多实验表明，观察者自身的假设和偏见，在很大程度上影

　　⊖　本文的较早版本作为《欺骗和反欺骗中的认知因素》一文的一部分，被发表在以下图书中：Donald C. Daniel and Katherine L. Herbig, eds., *Strategic Military Deception* (Pergamon Press, 1982)。

响了观察者获得的信息。比如，你在图 2-1 中看到了什么？现在，请查阅脚注的描述来了解图中到底有什么。⊖你是否正确地感知到了图 2-1 的内容？如果确实如此，你要么拥有非凡的观察力，要么是非常幸运地猜对了，要么以前看过这张图。这个简单的实验揭示了知觉最基本的原理之一：

我们倾向于感知我们期望感知到的。

图　2-1

这一原理的一个推论是，与识别预期中的现象相比，要识别预期之外的现象，人们需要更多、更确凿的信息。

证明预期对知觉影响的一个经典实验用了扑克牌，其中一些牌被巧妙地设计为红色的黑桃或黑色的红心。实验中，扑克牌的图片会在屏幕上短暂地闪过。毫无疑问地，在刚开始实验时，被试能更快更准确地识别正常的扑克图片。之后，当被试意识到扑克牌中有红色黑桃和黑色红心时，他们在识别异常扑克图片时的表现提高了，但仍然没有达到识别正常扑克图片时的速度和准确率。⊖

这个实验表明，期望模式已经如此深植于意识中，以至于即使当人们已经意识到有与预期不符的数据并且努力将这些数据考虑在内时，原

⊖ 三个短语中均有一个多余的冠词。这通常会被忽略，因为知觉受到我们对这些熟悉短语通常是如何书写的期望的影响。

⊖ Jerome S. Bruner and Leo Postman, "On the Perception of Incongruity: A Paradigm," in Jerome S. Bruner and David Kraut, eds., *Perception and Personality: A Symposium* (New York: Greenwood Press, 1968).

有的期望模式仍然会持续地影响人们的知觉。试图做到客观并不能确保准确的知觉。

办公桌前的情报分析员或政府领导人试图理解文件与被试想要识别扑克图片是类似的情境，能从繁杂的文件中获取到什么样的信息以及对这些信息进行怎样的解读，都在一定程度上取决于分析员的预期。分析员不光有对黑桃和红心颜色的预期，他们还有对人们行事动机和外国政府程序的一系列假设。与这些假设一致的事件很容易被感知和处理，而与普遍期望相矛盾的事件往往在感知过程中被忽略或被扭曲。当然，这种失真是一种发生在潜意识或前意识中的过程，正如你可能忽略了图 2-1 三角形中的多余冠词那样。

人们倾向于去感知自己所期望的东西，这比他们倾向于感知自己想要的东西更重要。事实上，可能并不存在"想要"的倾向。被广泛引用的证据表明，人们感知自己想要东西的倾向通常可以同样地被期望理论很好地解释。[⊖]

期望会受到多种因素的影响，包括过去的经验、职业培训以及文化和组织规范。所有这些影响会使分析人员特别注意某类信息，并按照某些方式组织和解释这类信息。感知也会受到它发生当下的情境的影响。不同的情境会引发不同的期望。人们晚上在小巷中行走时比白天在城市街道上行走时，更容易听到身后的脚步声。在不同的情况下，"脚步声"所代表的意义有所不同，比如：对军事情报分析员来说，他可能会对潜在冲突的迹象更敏感。

期望模式会在潜意识里告诉分析员要寻找什么、什么是重要的以及如何解释所看到的。这使得分析员具备了思维定式，倾向于按照某些特

⊖　For discussion of the ambiguous evidence concerning the impact of desires and fears on judgment, see Robert Jervis, *Perception and Misperception in International Politics* (Princeton, NJ: Princeton University Press, 1976), Chapter 10.

定的方式进行思考。思维定式就像是人们用以感知世界的屏幕或镜头。

有人认为思维定式是不好的，应该尽可能地避免。按照这个说法，人应该保持开放的心态，不应受先入为主的观念的影响，只基于事实做决定。但这是遥不可及的理想状态！因为并不存在"全面的事实"这样的东西。我们通常会从大量数据中非常有选择性地吸收部分信息，然后只将这些信息当作与所讨论问题有关的事实和判断。

实际上，思维定式既不好也不坏，它是不可避免的。如果对什么是预期的、什么是重要的和什么是相关的没有某些简化的先见，人们将无法处理冲击感官的大量刺激，也无法应对所要分析的数据的体量和复杂度。"一句有害的谚语中也蕴含了部分真理，那就是：开放的头脑就是空洞的头脑。"⊖分析员要承认自己并非通过摒弃先入为主的观念来实现客观分析的，否则就是无知或在自我欺骗。客观的分析是通过尽可能建立外显的基本假设和推论来达到的，因为这样才能让其他人挑战这些假设和推论，也能让分析员自己更好地检验它们的有效性。

思维定式最重要的特征之一是：

思维定式的建立很快，但改变思维定式很难。

图 2-2 通过展示一个系列图画的一部分来说明这一原理：通过逐渐修改线条的轮廓，画中的男人不知不觉变成了女人。⊜如果单独看上排最右边的图，你既可以认为这是男人也可以认为这是女人。但当被试逐一观看整个系列的图画时，他们对中间这幅图画的知觉取决于他们是从系列的哪一端开始观看的。那些从清晰男人轮廓开始观看的被试，会倾向于一直认为画中是一个男人，尽管在"中立的观察者"（即只看到单幅

⊖　Richard Betts, " Analysis, War and Decision: Why Intelligence Failures are Inevitable", *World Politics*, Vol. XXXI (October 1978), p. 84.

⊜　杰拉尔德·费希尔（Gerald Fisher）于 1967 年设计的图画。

画的观察者）来看，图中是一个女人。类似地，那些从清晰女人轮廓开始观看的被试，会倾向于一直认为画中是一个女人。一旦观察者在脑中形成了某种图像（也就是说，一旦其对被观察事物形成了思维定式或期望），就会影响他对该事物以后的认识。

图　2-2

这是知觉的另一基本原理：

新信息会被已有模式同化。

这一原理解释了为什么渐进式的变化往往会被忽略。它还解释了这样一个现象，即首次被指派从事某个专题或国家情报工作的分析员，可能会捕捉到在该领域工作 10 年以上的分析员忽略掉的信息并对其产生准确的见解。新鲜的视角有时很有用，过去的经验则既能阻碍分析也能帮助分析。当信息越模糊，老分析员对经验的有效性越自信、越倾向于坚持已有观点时，这种将新信息纳入旧思维定式中的倾向就越强烈。⊖

图 2-3 为读者提供了一个测试自己思维定式固执程度的机会。⊖请看图 2-3。你看到的是老妇人还是年轻女子？现在请再次观察图片，你是否

⊖　Jervis, p.195.
⊖　此图片是 1915 年首次在《顽童》（*Puck*）杂志上刊登的一幅漫画作品，名为《我的妻子和我的丈母娘》。

能从视觉和心理上对图中的细节进行重组以看到不同的图像——如果你最初看到的是老妇人，则重新观察后需要看到年轻女子；如果最初看到的是年轻女子，则重新观察后需要看到老妇人。如果有必要，你可以参考脚注提供的线索[⊖]。这个练习再次生动地说明了思维定式可以快速形成但难以改变这一原理。

图　2-3

当你能从两种视角观察到图 2-3 之后，请尝试从一种视角切换至另一视角。你是否注意到在刚开始切换时会感到有些困难？这是因为从视觉或心理上对熟悉的事物进行重组以感知到事物的另一面本身就是较难的思维技能。然而，这正是情报分析员经常需要做的。为了理解国家间的互动，分析员必须了解对立各方眼中的局势，并需要不断地在不同视角中切换以试图弄清楚各方是如何解读当下所发生的一系列动作的。实际上，试图同时理解对手和美国对同一国际事件的态度，就相当于在图 2-3 中同时看到老妇人和年轻女子。一旦习惯了以某个视角看待事物，

⊖　老妇人的鼻子、嘴巴和眼睛分别是年轻女人的下颚、项链和耳朵。图中画的老妇人和年轻女子的左脸，但年轻女子的大部分面部特征都不可见，更多是左侧的轮廓。在老妇人的鼻子上方，可以看到年轻女子的睫毛、鼻子和脸颊曲线。

就会不自觉地抵制其他角度。

　　这就引出了一个相关的观点，它涉及非理想的感知条件对知觉的影响。基本原理是：

　　如果一开始接收的信息是模糊的或不明确的，将会干扰知觉的准确性；即便之后获取到了更多更好的信息，也难以改变之前的不准确知觉。

　　这一效应已通过实验被验证。在实验中，被试观察被投射到屏幕上的一组日常图片，比如，站在草地上的狗、消防栓和公路立交桥交叉点的鸟瞰图⊖。最初投影的图片有不同程度的模糊，之后图片则逐渐变得清晰以测试被试在什么时候可以正确地识别出图中的事物。

　　研究得出了两个结论。第一，与最初看到较清晰图片的人相比，最初看到较模糊图片的人在图片逐渐对焦的过程中较难识别出图中的事物；也就是说，最初的图片越模糊，人们辨认出事物时所需的清晰度就越高。第二，人们越长时间地观察模糊的图片，辨认出事物时所需的清晰度就越高。

　　实验就是现实生活的缩影。尽管来自外部世界的信息是模糊不清的，人们还是会尝试对所见所闻形成某种假设。他们接触模糊信息的时间越长，他们对这最初的但可能错误的印象就越自信，因此也就导致该最初印象对后续知觉的影响越大。在一段时间内，尽管出现了更清晰的信息，但由于并未与已有印象有明显的矛盾，因此新的信息被同化。人们会一直坚持最初的假设直到矛盾变得非常明显而无法被意识所忽略为止。

　　早期的错误印象之所以会持续，是因为证明某个假设无效所需要的信息量要显著地多于形成初始假设所需的信息量。接受新的观念或想法并不难，难的是改变已建立的观念。人们常常基于很少的信息来形成观

　　⊖　Jerome S. Bruner and Mary C. Potter, " Interference in Visual Recognition, " *Science,* Vol. 144 (1964), pp. 424-25.

点，而一旦形成了，则只有当获得了特别充分的证据时才会抛弃或调整已有观点。分析员可以通过在接收到新信息时尽可能延缓下判断，来抵消上述倾向带来的不利影响。

对情报分析的启示

理解知觉的本质对于理解情报分析的本质和局限性有着重要的意义。情报分析所面临的正是难以获得准确知觉的情况——为形成早期判断，需在压力下逐步处理信息以应对高度模糊的情景。这是造成不准确知觉的原因。

情报工作追求阐明未知。情报分析的实质，就是要处理高度不确定的情景。如前所述，信息的模糊度越高，则人们对该信息的知觉受主观预期和先验经验的影响就越大。因此，尽管人们在分析过程中追求最大程度的客观性，但与其他领域的分析员比起来，情报分析员的先入之见会对分析结论产生更大的影响，因为对情报分析员来说，获得清晰、无歧义的信息要更难。

此外，情报分析员通常是在问题刚出现、证据还非常模糊的早期阶段，就开始进行研究。他对问题进行追踪，并随着证据的不断增加而逐渐构建清晰的认知——但正如实验所表明的，即使之后获取到了更多更好的信息，最初接受的模糊信息也会干扰正确认知的形成。将该实验的结论应用到情报分析员这个群体，则说明了这么一件事：与政策制定者等其他人比起来，情报分析员在问题刚出现但还不清晰的时候就进行观察是一个劣势，因为其他人在刚开始接触到问题时所得到的信息更全面更准确。

小幅增量接受信息的方式，也让分析员更倾向于将新的信息同化到已有的观点中。单条信息不足以说服分析员改变已有观点，逐渐累积且相互关联的多条信息会更具有说服力，但当这些信息并非作为一个整体，而只是逐条依次被检验时，它们的重要性会被削弱。在 1973 年阿拉伯 - 以色列战争前，情报界在对自身表现的回顾中提到：

> 增量分析的问题，尤其是在当前情报分析的过程中，在战争之前就一直存在。根据分析员自己的说法，他们往往以当天收获的信息为基础，将其与前一天收到的材料进行仓促比较。然后，他们以"流水线的方式"产生了某些直觉，但这些直觉并不是在系统地思考所有累积的证据后综合产生的⊖。

最后，情报分析员所面临的是有巨大压力的环境，心理学家称这种压力为"早熟闭合"（premature closure）。在事件发生后的两三天内，尽管缺乏能帮助他们建立有效判断的充足信息和更广泛的背景知识，情报客户对解释性分析的急迫需求要求情报分析员立即做出判断。因此，这种判断只能建立在分析员对特定社会中事件通常是怎样发生和如何发生的个人理解之上。

随着时间的推移，更多的信息被获取，重新审视所有的证据可能会让人们得出全然不同的解释。但是，知觉实验表明，早期判断会对后续知觉的形成有负面影响。一旦观察者相信自己知道正在发生什么，他就倾向于拒绝变化，逐步接受的新信息就会被纳入已有的思维框架里。此外，情报机构喜欢一致性解释的压力更加剧了这种知觉偏差。于是一旦分析员提交了书面报告，那么分析员和机构都希望可以维持原有的结论。

⊖ 《1973 年 10 月阿拉伯 - 以色列战争之前情报界的表现：事后报告初稿》，1973 年 12 月。上文中引用的事后评估的一小节经批准，可用于公开发布，标题也获准公开，但该文档作为一个整体仍是保密的。

如果情报分析员在执行极其困难的任务时仍能有出色的表现，则说明他们有良好的判断力、训练有素且具有献身精神。

上面列出的问题对于分析工作的管理和执行都有启示意义。鉴于人类在处理复杂信息时的固有困难，审慎的情报分析管理系统应该有以下特点：

- 鼓励清晰地描绘假设和推理链条，并明确地指出结论中的不确定性的程度和来源。

- 支持定期地对关键问题进行彻底的重新检查，以克服增量分析的缺点。

- 重视能激发和阐述不同观点的工作程序。

- 让客户了解情报分析的局限性和能力范围，尽力让客户的预期符合现实；并以更符合现实的标准来评价分析工作。

第 3 章

记忆：我们如何记住所了解的

分析表现的好坏，在很大程度上取决于分析员是如何在长时记忆中组织信息和经验的。记忆的内容构成了分析过程中的连续输入，任何影响信息记忆和记忆检索的因素，也都将影响分析的结果。

本章讨论记忆系统中各种成分的功能和局限性。感觉信息存储和短时记忆有容量限制的问题，而长时记忆实际上有无限的容量。对长时记忆来说，问题不在于存储的信息量的限制，而在于如何将信息存入其中以及如何对其进行有效的检索。理解记忆是如何工作的，可以帮助我们洞悉分析的优劣势。

○　○　○

记忆系统的组成

我们通常所说的记忆，并不是一个单一、简单的功能，而是一个极其复杂、由不同部分和过程所构成的系统。它至少包含了三个（很可能更多）不同的记忆过程，从本章讨论的出发点和科学研究的结论来看，其中最重要的是感觉信息存储（SIS）、短时记忆（STM）和长时记忆（LTM）。[⊖]

⊖ 记忆的研究者没有使用统一的术语。感觉信息存储也被称为感觉登记、感觉存储以及图像和回声记忆。短时和长时记忆也被称为主要和次要记忆。此外，还有其他术语也在被使用。我采用了 Peter H. Lindsay 和 Donald A. Norman 在他们的书《人类信息加工》（*Human Information Processing*，纽约：学术出版社，1977 年）中所使用的术语。整个章节主要来自该书的第 8 章至第 11 章。

这三个系统在功能、所保存信息的形式、信息保留的时间以及处理信息的能力等方面都各不相同。记忆的研究者还假设存在一种解释机制和一个监控或控制记忆的整体机制，以指导不同记忆系统之间的相互作用。

感觉信息存储

感觉器官在接收到感觉信息后，感觉信息存储将保留零点几秒。如果你闭上眼睛，然后尽可能快地睁开并再次闭上，就可以观察到感觉信息存储的作用。当你闭上眼时，请注意视觉图像在褪去之前保留了不到 1 秒。感觉信息存储解释了为什么以每秒 16 帧的速度拍摄的电影看起来是连续的画面而不是一系列静止的图片。视觉轨迹保留在感觉信息存储中的时间通常为 1/4 秒。想要有意识地延长感觉信息在感觉信息存储中保留的时间是不可能的。感觉信息存储的作用在于给大脑留出更长的工作时间（比事件本身的持续时间更长）来加工一次感觉事件。

短时记忆

信息从感觉信息存储传入短时记忆，并在此只保留很短的时间——几秒钟或几分钟。尽管在感觉信息存储中感觉信息以完整的意象被保存，但在短时记忆中，只有意象的解释会被保存。比如，如果说一句话，感觉信息存储保存的是声音，而短时记忆保存的是声音组成的单词。

短时记忆和感觉信息存储一样，会对信息进行暂时的存储，以便大脑对其进行进一步的加工。这一加工过程包括对意义、相关性和重要性的判断，以及将选定的信息整合进长时记忆所需的思维活动。如果一个人马上忘记了刚被介绍给自己的某人的名字，这是因为这个名字并未从短时记忆进入到长时记忆。

短时记忆的一个显著特征是严格的容量限制。如果某人被要求听 10

或 20 个名字并将它们重复出来，他通常只会记得 5～6 个名字，并且往往是最后 5～6 个。如果他将注意力放在前面的名字上，短时记忆将因此而饱和，那么他就不能集中精力回忆出后面的名字了。人们可以选择如何分配注意力。他们可以专注于记忆、解释或记录之前接收到的信息，也可以专注于当前正在接收的信息。但短时记忆的容量限制让人们很难同时做到这两点。

从短时记忆中提取信息是直接和即时的，因为信息从未离开过意识层面。信息可以通过"复述"——一遍又一遍地重复——而被永久地保留在短时记忆中，但在复述时，人们无法同时往短时记忆中添加新的信息。短时记忆这种在任何时候对可保留信息量的严格限制，是生理性的，所以是无法被克服的。这一点非常重要，我们将在后面结合工作记忆和外部记忆辅助工具的作用进行讨论。

长时记忆

保留在短时记忆中的一些信息被加工并进入长时记忆。这些关于过去经验的信息被归档在大脑深处，并必须通过提取才能使用。与从短时记忆中立即提取当前经验不同，在长时记忆中检索信息是间接的，并且有时是费力的。

前一章所讨论的选择性知觉现象之所以会发生，就是感觉刺激在经历了从感觉信息存储到短时记忆再到长时记忆的层层解释和传递后，丢失了一些细节。由于丢失的信息是不可恢复的，后续的分析便被限制了。人们不可能回到从前，找回曾存在于感觉信息存储或短时记忆中的东西，他们只能从长时记忆中提取已经被自己解读加工过的信息。

长时记忆中可以存储的信息量理论上是没有上限的，长时记忆的局限在于难以吸收信息以及难以从中提取信息，这些将在下文中讨论。

这三个记忆过程组成了我们称为"记忆"的信息仓库或数据库，但整个记忆系统肯定还包含其他心理过程，这些心理过程决定哪些信息可以从感觉信息存储进入短时记忆再进入长时记忆，决定如何搜索长时记忆数据库并判断进一步的记忆搜索是否有效，评估检索出来的信息的相关性，并评估潜在的矛盾信息。

为了解释记忆系统的整体运行，心理学家假设在记忆系统之上，存在一个解释机制和一个指导、监督整体系统运行的监控或控制机制。我对于这些机制以及它们与其他心理过程的关系知之甚少。

尽管关于记忆的研究很多，但这些研究在许多关键问题上并未形成共识，本书介绍的是得到了大多数研究者认可的结论。

长时记忆中的信息组织。从生理构造上来说，大脑由大约100亿个神经元组成，每个神经元都类似于一个能够存储信息的计算机芯片。每个神经元都有像章鱼一样的触手，称为轴突或树突。电脉冲流经这些触手，并通过神经递质在神经元之间的突触间隙中传递。记忆以神经元之间的连接模式被存储下来。当两个神经元被激活时，它们之间的连接或"突触"将会被强化。

当你阅读本章时，这一阅读体验实际上会引起你大脑中的生理变化。"在几秒钟内，新的神经通路就会形成，而这会永久地改变你看待世界的方式。"[⊖]

记忆系统存储着人一生的经历和思想。这样一个像图书馆或计算机系统的庞大数据库，必须有一个组织结构，否则进入系统的信息将再也无法被提取。想象一下如果国会图书馆没有了索引系统会怎样。

有关信息在记忆中是如何被组织和呈现的研究已有很多，但仍然没

⊖ George Johnson, *In the Palaces of Memory: How We Build the Worlds Inside Our Heads.* Vintage Books, 1992, p. xi.

有定论。当前的研究集中在大脑的不同部分分别处理哪些类型的信息。这通过对因卒中和创伤而大脑受损的患者进行测试来确定，当他们说话、阅读、书写或听话时，用功能磁共振成像（fMRI）可以"看到"他们大脑中被激活的部分。

目前，尚无完美的理论能涵盖复杂的、多样的记忆过程，其中数得出来的包括：对视觉和声音的记忆，对感觉的记忆，以及整合大量概念的信念系统。不过，对于分析员来说，只需从一个简单的角度来理解记忆结构就足够了，不用管那些对其他领域有用的记忆研究。

请将记忆想象成一张巨大的多维蜘蛛网。就本书的目的来说，这幅图像就抓住了记忆中的信息的最重要特点——互联性。一个想法与另一个想法相关联。从记忆中的任意一点出发，沿着像迷宫一样的路径，到达任何点都是可能的。信息就是通过在互联网络中它存储的位置被检索的。

信息的可检索性受整体的存储位置数量、该信息与其他关联信息的连接数量与连接强度的影响。某条记忆通路越频繁地被激活，这条通路的"印记"就会越强，而通路沿线上的信息就越容易被检索。如果某个主题在一段时间内未在记忆中被唤起，那么关于它的细节将会变得难以被回忆。回忆事件发生时的上下文以锁定记忆的大致位置，有助于提升信息的互联性。通过这种方式，我们开始想起似乎已忘记的名字、地点和事件。

一旦人们开始以某种特定方式思考一个问题，那么同一个心理回路或路径就会在每次思考时被激活和强化。这有助于快速的信息检索，但是，反复被激活的心理路径造成了思维定式，使人很难对信息进行重组以从不同的角度去看待问题。这就解释了在上一章中，为什么如果你先将图片中的形象看成了老妇人，就很难再将它看作年轻女人，反之亦然。在下一章中，我们将讨论突破思维定式的方法。

　　一个有用的记忆组织的概念是某些认知心理学家所说的"图式"（schema），它是指存储在记忆中的信息之间的关系模式。可以将图式看作记忆蛛网中的任意一组节点和节点之间的关联模式，节点间的关联非常紧密以至于常常作为一个整体被检索和使用。

　　例如，"酒吧"在某人的记忆中是以图式的形式被存储的，那么当它被激活时，会立即从记忆中提取出有关酒吧的知识，以及酒吧与酒馆的区别；它使人回想起对那些特定酒吧的记忆，而这又会进一步唤起关于口渴、内疚或其他感觉甚至是环境的记忆。人们对抽象概念也会形成图式，比如：社会主义经济制度，以及它与资本主义或共产主义制度的区别。而要完成准确的情报评估，需要建立起关于成功或失败的图式，也就是将成功或失败的结果与其典型的解释、原因联系起来；此外，还需要构建过程图式，将长除法、回归分析、依据证据进行推论和撰写情报报告等各个步骤的记忆联系起来。

　　任何一个给定的记忆点，都可能会与许多相互重叠的图式相连接。记忆系统是非常复杂的，且还需要更多的深入研究。

　　图式这个概念非常宽泛，以至于它回避了记忆研究人员感兴趣的许多重要问题，但鉴于现在对记忆的了解有限，这仍是当前能提出的最好的概念。它强调了记忆的结构化特征，同时也表明，知识在记忆中如何被关联将在很大程度上决定接收到刺激时什么样的信息会被提取，以及这些信息将如何在推理中被使用。

　　存储在记忆中的概念和图式将在很大程度上影响我们对外部刺激的知觉加工。请回想上一章所讨论的实验：研究人员给被试非常短暂地呈现了被改过的扑克牌——其中有些红桃是黑色的，有些黑桃是红色的。在刺激停留在感觉记忆中的那不到 1 秒的时间内，被试记得黑桃是红色的；但在解释感觉印象并将其传递至短时记忆的过程中，黑桃被被试变成了黑色，因为记忆系统中没有现成的红色黑桃图式可以匹配感觉印象。这表明，如果信息与人们所知道的或者自以为所知道的不一致，人们将很难对其进行加工。

记忆的图式内容是决定分析能力强弱的主要因素，这通过一个国际象棋选手的实验就能很好地说明。实验中，当给国际象棋特级大师、大师和普通棋手 5～10 秒钟的时间，让他们记住随机放在棋盘上的 20～25 个棋子的位置时，大师和普通棋手的表现一样，都只能记住大约 6 个棋子的位置。但如果棋子的摆放位置取自真实的棋局（被试并不知道），特级大师和大师通常能够无误地还原几乎所有的棋子位置，而普通棋手仍然只能正确地还原大约 6 个棋子。[⊖]

国际象棋大师们所展现的独特能力与纯粹的记忆力无关，这可以从大师们在记忆随机棋子位置时的表现并不比普通棋手更好看出来。他们在记忆真实棋局位置时的卓越表现，源自他们能立即感知到棋子的位置模式，这让他们能够将很多信息作为一个模块或图式进行处理。国际象棋大师的长时记忆中有许多图式，它们能将单个位置连接成连贯的模式。当棋盘中棋子的位置与记忆中的图式一致时，大师们不仅很容易记住棋子的位置，而且还能记起相应的棋局结果。类似地，分析专家的独特能力也要归功于他们长期记忆中的图式，这些图式让他们能感知到无法被普通人察觉的数据模式。

让信息进出长时记忆。过去人们认为，一个人掌握某件事的好坏程度取决于它在短时记忆中停留时间的长短或它被重复的次数，但现在的研究证据表明，上述两个因素都不起关键作用。不断重复并不一定能让

⊖　A. D. deGroot, *Thought and Choice in Chess* (The Hague: Mouton, 1965) cited by Herbert A. Simon, "How Big Is a Chunk?" *Science*, Vol. 183 (1974), p. 487.

人记住某个东西。让信息从短时记忆进入到长时记忆的关键，是建立起新信息和已有图式之间的联系，而这又取决于两个变量：待学习信息与已有图式的关联程度，以及人们对新信息的加工深度。

试着用一分钟的时间来记忆购物清单上的以下物品：面包、鸡蛋、黄油、腊肠、玉米、生菜、肥皂、果冻、鸡肉和咖啡。你可能会试图通过不断重复这些单词来将其烙印在脑中。这种重复，或者说机械复述，对于将信息维持在短时记忆中是有效的，但对于将信息输入长时记忆却是一种低效甚至无效的手段。这个列表难以记住的原因是它和记忆中的任何图式都没有关系。

尽管这些单词对你来说是熟悉的，但在你的记忆中却没有可用的图式可将这些单词相互联系起来。然而，如果把这个清单改成果汁、麦片、牛奶、糖、培根、鸡蛋、吐司、黄油、果冻和咖啡，任务就会容易得多，因为新的清单可与已有图式——早餐中通常会吃的食物——相联系。这样的清单可以很容易地被吸纳到已有的知识储备中，就像国际象棋大师能很快地记住真实棋局中的棋子位置一样。

加工深度是决定信息保留时长的第二个重要变量。加工深度取决于人们处理信息时所付出的努力程度和动员起来认知功能的多少，以及人们在待学习信息和记忆中已有知识之间建立起的关联的数量和强度。在测试单词记忆程度的实验中，被试被要求执行反映不同加工水平的任务。这些任务按照所需的心理加工水平从低到高分别是：说出清单上每个单词的字母数；给清单中每一个单词找一个押韵的词；为每个单词建立一个心理形象；编写一个包含所有单词的故事。

事实证明，被试对单词的加工深度越深，就越容易回忆起清单上的全部单词。这一结论与被试是否知道实验目的是测试他们的记忆力无关。被试对测试的期望对最终成绩几乎没有影响，这大概是因为这样只会促使他们在短时记忆中复述信息，而与其他形式的加工相比，这种复述是无效的。

可以通过三种方式来将信息存储到记忆中：死记硬背、同化学习或使用助记工具。下面将分别展开讨论。[⊖]

死记硬背：将要学习的材料在口头重复足够多的次数，以便之后可以不借助任何记忆辅助工具而从记忆中提取。当信息通过这种背诵的方式被学习时，它形成的是独立的图式，而并未与之前已有的知识紧密交织在一起。也就是说，这一过程仅卷入很少的心理加工，并且新信息对已有图式的补充也微乎其微。死记硬背靠的是蛮力，它应该是效率最低的记忆方式。

同化学习：当待学习信息的结构或实质适合已有的记忆图式时，可以使用同化学习。新的信息被同化到已有图式中或与已有图式相联系，从而可以通过访问已有图式后重新构建新信息的方式来方便地检索。同化学习涉及理解学习，因此是一种很好的方式，但它仅适用于学习那些与先前经验有联系的新信息。

助记工具：助记工具是指组织或编码信息的任何手段，目的是使信息更容易被记忆。一个正在复习准备地理考试的高中生可能会使用"HOMES"作为工具来记忆五大湖区——休伦湖、安大略湖等——每个湖泊英文名的第一个字母。

为了记住之前提到的由毫无关联的单词组成的购物清单，你可能会建立某些结构以将这些单词相互联系起来，或者将其与长时记忆中已有的信息联系起来。你可以想象自己在购物或在将物品放回原位，然后在

⊖　这里的讨论参考了以下内容：Francis S. Bellezza, "Mnemonic Devices: Classification, Characteristics, and Criteria" (Athens, Ohio: Ohio University, pre-publication manuscript, January 1980).

头脑中想象它们在超市或厨房货架上的位置。或者，你可以构想一个与一顿饭或多顿饭有关的故事，其中包含所有这些食物。任何类似的加工形式都比死记硬背更能有效地帮助人们保持记忆。很多记忆专家甚至已经设计出了更有效的系统以快速记住人名或单词列表，只是这些系统的使用需要一些学习和练习。

助记工具对记忆那些在已有记忆中没有合适的概念结构或图式的信息，非常有用。它们提供一个简单的、特地设计的框架，然后将待学习的信息与之联系起来。助记工具相当于心理上的"文件分类"，以确保信息可被检索。要想提取记忆，请首先回忆助记工具，然后访问所需的信息。

记忆和情报分析

分析员的记忆为分析过程提供了持续的输入。这种输入有两种类型——有关历史背景和上下文的额外事实信息，以及分析员用于确定新获得信息的意义的图式。记忆中的信息可能完全不需要刻意地回忆就会突然出现在分析员的意识中，也可能需要经过相当长时间地努力回忆。无论是哪种情况，任何影响信息被记住或被提取的因素，都会影响情报分析。

最后的判断是可获取到的信息与分析员对信息的分析的共同产物。前面提到的一个实验记录了国际象棋大师和普通棋手之间的差异，而类似的关于医生诊断疾病的研究也表明，好医生和普通医生的差别在于长时记忆中信息和经验的组织方式。[○]同样的结论想必也适用于情报分析。

　　○　Arthur S. Elstein, Lee S. Shulman & Sarah A. Sprafka, *Medical Problem Solving: An Analysis of Clinical Reasoning* (Cambridge, MA: Harvard University Press, 1978), p. 276.

知识和分析经验的多寡，决定了分析员在产生和评估假设时所能调用的记忆和图式的储备量。关键不是简单地回忆事实的能力，而是运用模式回忆相关联事实和将事实与更广泛概念进行联系的能力，以及采用技巧促进该过程的能力。

拓展工作记忆的极限

关于通常被称为"工作记忆"的那种记忆成分（即分析者在进行分析时头脑中始终活跃的信息集合），我们知道的信息是非常有限的。但从个人内省的角度来看，工作记忆这一概念又似乎很清晰。比如，在撰写本章时，我非常清楚地意识到，当需要一边记住很多信息，一边组织这些信息并找寻合适的词语来表达思想时，我总是力不从心。为了弥补工作记忆的这些限制，我积累了大量包含想法和草稿段落的书面笔记。只有利用这种外在的记忆辅助手段，我才能应付要使用的信息的量和复杂性。

一篇写于几十年前，题为《神奇的数字七加减二》的著名文章认为，七加减二是人可以同时记住的东西的数量。[一]工作记忆的这个局限是很多问题的根源。人们很难一下就完全理解某个复杂的问题，这就是有时我们难以下定决心的原因：我们首先考虑赞成的论点，然后考虑反对的论点，但我们不能将所有这些利弊同时记在脑海中以便从整体做平衡以得出最优决策。

解决上述工作记忆局限性的有效方法叫作问题外化——将头脑中的问题写在纸面上，不必追求形式，只要能清楚地表示问题的主要元素及

[一] George A. Miller, "The Magical Number Seven, Plus or Minus Two: Some Limits on our Capacity for Processing Information." *The Psychological Review*, Vol. 63, No. 2 (March 1956).

其相互间的关系即可。第 7 章"构建分析问题"探讨了这样做的多种方法，它们都涉及对问题进行分解，然后通过一个简单的"模型"来讲清楚各部分与整体之间的关系。这样，即使当前的工作重点只与某一小部分有关，模型也能让人不会对问题的全貌失去概念。

这种简单的问题分析模型能帮助我们将新信息同化到长时记忆中，因为它提供了一个可以将零散信息关联起来的结构。模型也定义了信息在记忆中归档和按需提取时的类别；换句话说，它充当了一个助记工具，提供了用来钩住信息的钩子，以便在需要时可以找到它。

这个模型最初是人工建造的，就像之前提到的首字母缩写"HOMES"一样。然而，随着不断地被使用，它迅速成为一个概念结构（用于加工信息的一组图式）的组成部分。此时，记忆新信息是通过同化而不再是通过记忆法实现的，这就提高了从大量信息中以多样方式进行回忆和推理的能力。

"固化类别"。记忆过程倾向于使用分类。如果某个事物未被分类，那么人们将不太可能感知到它，不可能把它存储到记忆中，也不可能之后从记忆中提取到它。而如果事物的分类不正确，则人们对它的感知和记忆也可能是不准确的。当事物在重要方面不同但仍被存储在同一概念的记忆中时，就可能会造成分析错误。

"固化类别"是常见的分析缺陷。更精细地区分类别和减少对歧义的容忍，将使分析更有效。

影响记忆的因素。影响信息在记忆中存储方式和未来可检索性的因素包括：是不是某特定主题下的第一个存储信息、对该信息的关注度、信息的可信度以及存储时该信息的重要程度。这些因素会影响记忆的内容，因此也会影响情报分析的结果。

第 12 章"概率估计中的偏差"将描述记忆的可获得性如何影响概率

的判断。一个人能回忆起的关于某个现象的例子越多，那他就越倾向于认为该现象会发生，但回忆例子的能力与信息的生动性、事情是否最近刚发生、它对回忆者的个人生活影响大小等很多因素相关，而这些因素都与现象发生的实际概率无关。

过去的记忆难以被更改。 分析员常常会接收到新的信息，从逻辑上讲，这些信息能帮助他们重新评估已有信息的可信度或重要性。理想情况下，早先的信息要么在记忆中变得更加明显和易获得，要么相反。但事与愿违，现实是记忆很少会根据新的信息进行追溯性的重新评估或组织。例如，某条信息在过去由于不符合分析者的预期而被认为是不重要或不相关的，但即使分析者改变了想法，在后来认为该信息非常重要，这条信息在记忆中也不会变得更让人难忘。

记忆的两面性

了解记忆是如何工作的，可以让我们对创造力的本质、如何保持对信息的开放态度、如何突破思维定式有更深刻的认识。所有这些都需要在记忆的网络中编织新的关联，即让之前没有建立连接或仅有微弱连接的事实、概念和图式之间产生关联。

情报分析员的训练课程有时侧重于打破分析员的既定思维定式，让他们从不同的角度看问题，以便他们能用更开放的态度对待其他可能性。但很多时候，一些资深分析员对此的反应是，他们用了 20 年的时间训练自己的思维定式，当下已有的模式对工作很有用，没必要改变；这些资深分析员认为自己就是情报分析界的"国际象棋大师"，而这通常也无可辩驳。他们坚信，扎根在他们长时记忆中的信息让他们能够感知到模式，并做出其他观察者无法企及的推论。从某种意义上说，他们不想改变是很正确的，因为事实上正是已有的图式或思维定式让他们在分析判断领域取得了成功。

然而，国际象棋大师和情报分析大师之间有一个至关重要的区别。尽管国际象棋大师在每场比赛中面对的对手不同，但每场比赛所处的环境是稳定不变的：不同棋子的走法都受到严格规定，规则不会在大师不知情的情况下发生改变。因此，一旦国际象棋大师发展出了某个准确的图式，就没有必要改变它。但是，情报分析员必须应对快速变化的环境：许多以前是美国的对手的国家，现在都成了美国正式的或事实上的盟友；今天美国和俄罗斯的政府和社会，与 20 年前、10 年前甚至是 5 年前相比，都不一样了。在情报分析领域，昨天还有效的图式，可能明天就不再起作用了。

学习新的图式往往需要忘掉旧图式，而这是极其困难的。学习一个新习惯总是比改掉一个旧习惯容易。长时记忆中对有效分析至关重要的图式，也是认识和适应不断变化的环境的主要阻力。第 6 章提供了处理这一问题的工具。

Psychology

—— of ——

Intelligence

Analysis

第二部分

思维工具

CHAPTER 4

第 4 章

分析判断的策略：
打破不完整信息的限制

情报分析员是如何做出深思熟虑的分析的？为了寻求这个问题的答案，本章探讨了情景逻辑、理论的应用、比较和数据沉浸这几种策略在产生和评估假设时的优势和劣势。最后一节讨论了在假设之间进行选择的替代策略。情报分析员经常使用的一种策略被称为"满足"（satisficing），即选择第一个看起来足够好的假设，而不是仔细地识别所有可能的假设并选择与证据最一致的假设。[⊖]

○　○　○

情报分析员应该对自己的推理过程保持觉察。他们应当思考自己是**如何**做出判断并得出结论的，而不是仅仅关注判断和结论本身。韦氏词典对判断的定义是：在事实尚未确定和清楚的情况下，基于迹象和概率得出决定和结论。[⊖]分析员用判断来填补知识的空白，因此判断是超越已有信息的，并且是应对不确定性的主要手段。它总是涉及从已知到不确定的跳跃式分析。

判断是所有情报分析不可或缺的一部分。尽管情报收集的最佳目标

⊖　本章的较早版本于 1981 年在《情报研究》中作为非保密的文章发表，当时的标题为《分析判断的策略》。

⊖　Webster's *New International Dictionary*, unabridged, 1954.

是掌握完整的知识，但在实践中这一目标却很难达到。从上面的定义来看，情报任务天然地就涉及相当大的不确定性。因此，分析员通常在工作中要与不完整、模棱两可甚至经常相互矛盾的数据打交道。情报分析员的职能可以被描述为：通过分析判断来打破不完整信息的限制。

判断的终极本质仍然是个谜，但是，确定分析员在做出判断时采用了哪种加工信息的策略，仍是有可能的。分析策略之所以重要，是因为它们会影响人们关注哪些数据；它们决定了分析员注意的焦点，而这不可避免地会影响最终的分析结果。

产生和评估假设的策略

本书使用了"假设"（hypothesis）一词最普遍的含义，即需要通过收集和提出证据进行检验的潜在解释或结论。有关分析员如何产生和评估假设的研究揭示了三种主要的策略——情景逻辑、理论的应用和比较，下文中将分别对它们进行详细讨论。另外，我们也将讨论一种"被动"策略——沉浸在数据中，让数据自己说话。这个分析策略的清单并非详尽无遗，其他可能的策略还包括，比如，把自身的心理诉求投射到手头的数据上。本章并不涉及对错误分析的原因的讨论，相反，我们的目标是了解在处理极其复杂的问题时，情报分析的骨干们常用的几种仔细、尽责的分析策略。

策略一：情景逻辑

这是情报分析员最常用的分析策略。假设的产生和分析始于对当前情景中具体因素的考量，而不是类似情况的宽泛概括。当下的情景被认为是独一无二的，因此对它的理解必须从其特有的逻辑出发，而不是将其作为一大类相似事件中的一个例子。

从当前情景的已知事实出发，并结合自己对特定时间与地点下作用因子的理解，分析员会设法识别该情景中的因果逻辑关系。分析员会串起所有情节以形成一个对当前情景看似合理的叙述，然后他们可以向前追溯起因，也可以向后预测未来。

情景逻辑通常侧重于追踪因果关系；或者在处理有目的的行为时，侧重于追踪其手段－目的关系。分析者识别行动者要达到的最终目标，并解释为什么行动者会认为某些手段可以实现这些目标。

情景逻辑的独特优势在于它能被广泛地应用并且有能力整合大量相关细节。任何情景，无论多么特殊，都可以用这种方式进行分析。

然而，作为一种情报分析策略，情景逻辑也有两个主要的劣势。第一个劣势是理解外国领导人和政府的心理和政治过程非常困难。要了解外国领导人可能做出的选择，分析员必须要理解这些领导人的价值观和假设，甚至是他们的误解。如果没有这样的洞察力，解读外国领导人的决定或者是预测他们未来的决定就不过是武断的猜测。很多时候，外国领导人的行为看起来像是"非理性的"或"不符合他们自己的最佳利益"。这样的结论往往表明，分析员将美国的价值观和概念框架投射到了外国领导人和社会上，而没有理解局势背后的逻辑。

第二个劣势是，情景逻辑未能利用那些从对其他国家和其他时期类似现象的研究中积累下来的理论知识。种族分裂主义运动的主题就说明了这一点。种族主义的问题已有百年历史，但大多数西方工业国家一直被视为融合良好的民族共同体。即便如此，近年来，少数族裔寻求独立或自治的事件频发，在苏格兰、法国南部和科西嘉岛、加拿大魁北克、比利时部分地区、西班牙均有发生，而不是只发生在不太稳定的第三世界国家。其中的原因是什么？

如果以情景逻辑的方式来处理这个问题，分析员需要考察在特定国家中利益相互纠缠的不同政治、经济和社会团体。基于对这些团体的相对权力地位、相互之间的动态互动，以及可能会影响各方未来立场的预期趋势或发展的研究，分析员将设法找到决定最终结果的驱动因素。

以这种方式写出的有关单个国家的分裂主义运动的研究报告，可能非常详尽且看似有理有据，却忽视了种族冲突作为一种普遍现象已经有相当多的理论研究这一事实。通过研究发生在不同国家中的类似现象，分析员可以提出更本质的假设并对其进行检验，而这些假设在分析员处理单一情景下的逻辑时会被忽略。比如，长期沉寂的种族情绪的重新抬头，在多大程度上是源于对现代大众传播系统所带来的文化同质化的反应？

如下文所述，分析类似现象的多个例子，可以帮助人们探究比通常在情景逻辑分析中所考虑原因更为本质的原因。从更广阔的理论分析角度来看，情景逻辑所确定的直接原因似乎只是表面现象，它们的背后还存在着更根本的因果要素。更好地理解根本原因对于有效的预测至关重要，尤其是对长期形势的有效预测。尽管情景逻辑可能是评估短期走向的最佳方法，但随着分析视角更关注未来，采用更具理论性的方法是必要的。

策略二：理论的应用

"理论"一词在情报界不太受欢迎，但它在有关分析性判断的任何讨论中都是不可避免的。人们常常将"理论的"与"不切实际的"和"不现实的"联系在一起。但毫无疑问，在这里它的含义将完全不同。

理论是对某个现象的多个例子进行研究后的概括。它指出，当一组特定的条件出现时，某些特定的情况将肯定地或以某种程度的概率紧随其后。换句话说，当确定了一组条件并且发现这些条件适用于被分析的具体案例后，就可以得出相应的结论。例如，土耳其是一个战略地位不稳定的发展中国家。这就确定了一组条件，可以根据这些条件在该国军事地位、政治进程的性质等方面做一些推断，因为分析员对这些因素通常是如何关联的有隐含甚至是明确的理解。

实际上情报分析员对个人、机构和政治体系通常的行为方式有着基本的理解，学术界所谓的理论只是上述理解更外显、更明确的一个版本。

在情报分析中应用理论有优势也有弊端。一个优势是"理论让思考更有效"。通过锁定问题的关键因素，理论让分析员能够跳过大量不太重要的细节；理论使分析员能够不被眼下短暂的趋势所局限，认识到哪些趋势是表面的，哪些是重要的，并且能预见眼下毫无具体迹象的未来走向。

例如，考虑一下这样一个理论命题：经济的发展和外部思想的大量涌入会导致封建社会的政治不稳定。这个命题似乎是成立的。当用这个理论来分析沙特阿拉伯时，它表明其君主制将时日不多，尽管采用情景逻辑对沙特阿拉伯进行分析的分析员们发现，目前很少或没有证据表明其王室的权力和地位受到了重大的威胁。因此，应用一个广为接受的理论命题，使分析员能够在"确凿证据"尚未开始显现时，就能预测到结果。这是将理论分析应用于现实世界时的一个重要优势。

然而，同样的例子也说明了将理论应用于政治现象分析的一个普遍弊端。理论命题常常无法明确预期某一事物发展将出现在什么时候。有关沙特阿拉伯的问题并不是君主制最终是否会被取代，而是这个"取代"何时或在什么条件下会发生。如果深入地研究有关经济发展和外来思想与封建社会不稳定间关系的理论，可能可以找到分析员在寻找的早期预警指标。这些指标将指导情报的收集和对社会政治、社会经济数据的分析，并得出该事件将可能在何时或何种情况下发生的假设。

但是，如果理论使分析员能够打破已有数据的局限，那么它也可能导致他们忽略掉那些真正能预示未来的证据。请以 20 世纪 70 年代末反对伊朗国王的民众运动为背景，考虑以下理论命题：①当一个专制统治者的地位受到威胁时，他会在必要时用武力来捍卫他的地位；②一个拥有有效军事和安全力量完全支持的专制统治者是不可能被民意和示威运动所推翻的。很少有人会质疑上述命题，然而当它们被应用到 70 年代末的伊朗时，却导致伊朗问题专家误判了国王保住王权的可能性。许多专家（如果不是大多数的话）似乎都认为，伊朗国王仍然强大，当运动快失控时，他会对反对者进行镇压。许多人在越来越多的、强有力的证据表明事实可能相反时，仍然坚信上述假设。

从心理学的角度很容易理解对这些假设的坚持。当证据缺乏或模棱两可时，分析员会运用自己对政治制度和行为的知识，来评估假设。有关伊朗国王实力和他镇压异己的意图的证据是模糊的，但伊朗国王是一个专制统治者，而专制政权则有着如前面理论命题所指出的一定特征。因此，对伊朗国王的信念被嵌入到广泛而有说服力的、有关专制政权本身的假设中。对于那些相信上述两个命题的分析员来说，要得出国王将被推翻的结论，比得出伊朗专制政权仍将继续的结论，需要更多、更明确的证据。⊖

⊖　这两个理论命题，现在来看似乎仍然有效，这就是为什么从某种程度来说，伊朗国王统治的垮台仍然令人难以置信。原则上，这些看似有效的理论假设未能准确评估伊朗事件的可能原因有三个：①该理论中一个或多个前提条件实际上并不适用于伊朗，例如，国王并不是真正的独裁统治者；②该理论仅在部分情景下适用，在某些情景下不适用，需要指定情景的限制条件；③该理论基本上是有效的，但人们不能指望社会科学理论是百分之百准确的。与自然科学不同，社会科学处理的是概率环境。人们无法预见到可能会导致例外的所有情况，因此可以预期的最好情况是，给定的条件在大多数情况下都将导致特定的结果。

图 4-1 以可视化的方式说明了情景逻辑和理论之间的区别。情景逻辑着眼于研究单个国家中多个相互关联事件的证据，如深灰色那列所示。这是典型的区域研究方法。理论分析则着眼于研究单一主题在多个国家中的证据，如深灰色那行所示。这是典型的社会科学研究方法。

	国家	国家	国家	国家
问题	证据	证据	证据	证据
问题	证据	证据	证据	证据
问题	证据	证据	证据	证据
问题	证据	证据	证据	证据

情景逻辑和理论

图   4-1

然而，现实中理论和情景逻辑之间的区别并不像图中看起来那样的泾渭分明。情景逻辑的分析也大量借鉴了理论假设。如果缺少某些隐含的理论来建立起某种结果与某些前置条件的关系，分析员将难以选择最重要的元素来描述当前的情境，也很难确定这些元素的前因后果。

例如，当要评估即将举行的选举时，由于没有当前的民调数据，分析员就需要回顾过去的选举，研究竞选活动，然后判断选民对当前的竞选活动和影响他们态度的各种事件可能会做出怎样的反应。在这一过程中，分析员是基于一套有关人性和如何驱动人与群体的假设来进行操作的。这些假设构成政治行为理论的一部分，但它与理论分析时所讨论的理论不同。它并不说明所有情况，而是只能说明一小部分情况，而且它的适用范围可能仅限于所关注的特定国家。此外，它更有可能是隐含的，而非分析的焦点。

策略三：比较

第三种打破已有信息局限的方法是比较。分析员将当前事件与同一国家的历史先例或其他国家的类似事件进行比较，以寻求对当前事件的理解。类比是比较的一种形式。当一个历史事件被认为与当前情景具有可比性时，分析员就会利用自己对历史先例的理解来填补对当前情景的理解上的空白。当前情景中的未知因素被假定为与历史先例中的已知因素相同。因此，分析员推断，由于背后的驱动力相同，当前情景的最终结果很可能与历史事件的结果相似，或者为了避免出现与过去相同的结果，需要采取某种政策。

比较与情景逻辑不同，它解释现有情景的概念模型或多或少更明确一些，因为这个模型是通过观察其他时间或地点的类似情况而建立起来的。而比较与理论分析的不同之处在于，它的概念模型来自单一或仅有的几个案例，而不是基于许多类似的案例。比较也可以用于生成理论，但所生成理论的应用范围比较狭窄，不如基于许多可比较案例推断出来的理论的概括性好。

通过比较进行推理是一种捷径，当没有其他分析策略所需的数据或理论时，或者仅仅是想要节省时间，就可以选择这种方法。谨慎的比较分析首先需要明确当前情景中的关键要素，之后，分析员要寻找一个或多个可能对当前情况有所启发的历史先例。然而，历史先例往往是如此生动和强大，以至于它从一开始就占据了分析员的思维，使他们主要基于当前与过去的相似性来认知当前形势。这就是类比推理。正如罗伯特·杰维斯（Robert Jervis）所指出的那样，"历史类比往往发生在仔细分析某情景之前，而不是之后"。⊖

⊖　Robert Jervis, "Hypotheses on Misperception," *World Politics* 20 (April 1968), p. 471.

　　将当前事件与历史事件进行联系的倾向，为理解前者提供了很有力的指导。比较通过将不熟悉的事物还原为熟悉的事物来帮助理解。在缺乏充分理解当前情景所需的数据时，比较推理可能是唯一的选择。然而，任何采用这种分析方法的人，都应该意识到这种方法可能带来的潜在错误，因为这一分析过程的隐含前提是，对当前情景的了解缺乏足够信息，并且也缺乏相关理论来将当前情景与许多其他有可比性的情景关联起来。

　　当然，困难在于如何确定两种情景确实具有可比性。由于两种情景在某些方面是类似的，所以人们倾向于认为它们在所有方面都是相同的，并且假设当前情景下的结果将与历史情景相同或类似。实际上，只有在对当前情景和历史先例进行深入分析、确保它们在所有相关方面确实是可比的后，这种假设才是有效的。

　　在一本所有情报分析员都应该熟悉的小书中，欧内斯特·梅（Ernest May）追溯了历史类比策略对美国外交政策的影响。他发现，由于决心避免上一代人的错误，美国的政策制定者使用了类比推理，这导致美国政策的制定落后于时代，因为他们推崇的政策在历史形势下是合适的，但不一定很好地适应当前环境。

　　例如，20世纪30年代的美国政策制定者认为，当时的国际形势与第一次世界大战（以下简称一战）前相似。因此，他们采取了孤立主义政策。如果用在一战前，该政策可能可以防止美国被卷入战争，但在当时它未能阻止美国被卷入二战。

　　最近，越战的类比被反复使用多年，以反对美国激进的外交政策。例如，有些人用与越战的类比来反对美国参加海湾战争，这是一个有缺陷的类比，因为与越南相比，科威特、伊拉克的作战地形完全不同，对

○　Ernest May, *Lessons' of the Past: The Use and Misuse of History in American Foreign Policy* (New York: Oxford University Press, 1973).

美国更有利。

梅认为，决策者经常通过与过去进行类比来认识问题，但他们通常会错误地使用历史经验：

> 在进行类比时，他们往往抓住第一个想到的问题。他们不会进行更广泛的研究。他们也不会停下来分析案例，检验其是否合适，或是询问案例在哪些方面可能具有误导性。⊖

与决策者相比，情报分析员有更多的时间来"分析而不是类比"。情报分析员往往是优秀的历史学家，熟知大量的历史案例。分析员所掌握的潜在案例越多，则选择到合适的类比案例的可能性就越高；分析员的知识深度越深，他对两种情况间差异和相似性判断的准确性就越高。然而，即使在最理想的情况下，与其他形式的推论相比，基于单一类比案例得出的推论，出错的可能性更高。

实际上，比较分析最有效的用途是提出假设和强调差异，而不是得出结论。比较分析可以让分析员发现在当前情景下尚不明显的变量的存在或影响，或者激发分析员的想象，让他们得出之前不会想到的解释或可能结果。简而言之，比较分析可以产生假设，从而指导分析员寻找更多的信息来证实或反驳这些假设。但是，除非对两种情景进行了彻底的分析，确认它们确实具有可比性，否则比较分析不应该用于得出结论。

策略四：数据沉浸

分析员有时把他们的工作过程描述为沉浸在数据中，而不把数据归入任何预设的模式。在某一时刻，一个明显的模式（或答案、解释）自

⊖　同上，p.xi.

发地出现了，这时分析员再回到数据中去检查数据对这一判断是否支持。根据这种观点，客观性要求分析员要压制任何个人见解或构想，只以事件的"事实"来指导分析。

但是，以这种方式来思考分析就忽略了一个事实，即信息本身无法说明一切。信息的意义总是由信息的性质和它的解释背景共同决定的，而背景来自分析员对人类和组织行为的一整套假设和预期。这些先验的观念是决定信息是否相关以及如何被解释的关键因素。

当然，在许多情况下，分析员别无选择，只能将自己沉浸在数据中。显然，在开始分析之前，分析员必须具备一定的知识基础。当处理新的、不熟悉的课题时，不带观点地、相对不加选择地收集和审阅资料，恰巧是正确的开始，但这不是分析信息的过程，而是吸收信息的过程。

当分析员在过程中有意识地带有主观倾向去选择、分类和组织信息时，分析便开始了。有意识或潜意识的假设和预设，是选择和组织信息的前提。

问题不在于某人先入为主的假设和期望是否会影响分析，而在于这种影响是外化显性的还是内化隐形的。这一区别非常重要。在确定医生如何做出医学诊断的研究中，参加实验的医生被要求描述他们的分析策略。那些强调以全面收集数据作为其主要分析方法的医生，其诊断的准确性明显低于那些自称采用其他分析策略（如：识别和检验假设）的医生。⊖此外，通过更深入地了解病史和进行身体检查来收集更多数据并没有提高诊断的准确性。⊖

可以推测，那些为了追求更大客观性而压制自己主观判断的分析

⊖　Arthur S. Elstein, Lee S. Shulman, and Sarah A. Sprafka, *Medical Problem Solving: An Analysis of Clinical Reasoning* (Cambridge, MA: Harvard University Press, 1978), p. 270.

⊖　同上，第 281 页。有关额外信息价值的更多讨论，请参阅本书第 5 章。

员，实际上更少做出有效的判断。客观性是通过提出明确假设，并对这些假设进行检验和挑战来获得的，而不是徒劳地试图从分析中消除这些假设。

策略间的关系

没有一种策略一定比其他策略更好。为了提出所有相关的假设并最大限度地利用所有潜在相关的信息，最好在研究项目产生假设阶段的早期同时采用三种策略。不幸的是，分析员通常缺乏这样做的意愿或时间。

不同的分析员有不同的分析习惯和分析策略的偏好。一个允许例外情况的概括是：接受过历史或领域研究训练的分析员往往更喜欢情景逻辑，而那些有较强社会科学背景的分析员则更有可能在工作中运用理论分析和历史比较法。整体来看，情报界的分析员在情景逻辑方面远强于理论分析。依据我的判断，与很多学者倾向于过度概括不一样，情报分析员的概括能力往往不够。在政治分析中尤其如此，这不完全是因为没有合适的政治理论，更多是因为已有的理论往往不为政治情报分析员所知，或者至少没有被他们所用。

分析策略上的差异，可能会导致情报分析员与他们为之撰稿的一些决策者之间在观点上的根本差异。与情报分析员相比，在某个主题上并非专家的高级官员多使用理论分析和历史比较法，很少使用情景逻辑。决策者或其他高级管理者，他们既缺乏专业领域的知识基础，也没有时间去了解细节，因此他们必须将问题高度概括后才进行处理；他们还必须做出许多决定，而考虑每项决定的时间却比情报分析员要少得多。因此，这就要求决策者采用更概念化的方法，用概括大量细节的理论、模型或类比的方式进行思考。这样做究竟是删繁就简还是过度简化，取决于具体情况，以及可能也要看人们是否同意所做判断。无论如何，情报分析员在为决策者撰写文章时，最好将这一现象考虑在内。

选择假设的策略

一个系统的分析过程需要在备择假设中进行选择，而正是在这里，分析实践与理想的分析和科学研究方法变得大相径庭。理想的分析是产生所有可能的假设，系统地评估每个假设，然后确定与数据最匹配的那个假设。科学研究方法，则要求人们证伪而不是证实假设。

在实践中，人们常用一些其他策略。在面对不完整信息和多种相互竞争的价值观与目标时，亚历山大·乔治（Alexander George）提供了一些做决策的次优解策略。乔治认为这些策略适用于决策者如何在备选政策中做出选择，并且它们中的大部分也适用于情报分析员在备择假设中做出选择。

乔治提供的相关策略是：

- "满足"——选择出现的第一个"足够好"的备选方案，而不是检查所有备选方案以确定哪个是"最佳"。

- 增量主义——从已有立场出发，关注那些产生边际变化的备选方案，而不考虑对已有立场做重大改变。

- 共识——选择能引起最大共识和支持的备选方案。简单地告诉老板其想听的话就是这个策略的一种形式。

- 类比推理——选择最有可能避免以前错误，或最有可能复制之前成功的备选方案。

- 依靠一套原则或准则来区分"好"方案和"坏"方案。[⊖]

相比于决策者，情报分析员还多了一个诱人的选择：通过简单描述当前情况、列举备选方案并让情报使用者判断哪种方案最有可能，从而避免自己做判断。更多的策略将不在这里展开讨论，接下来的段落将只关注情报分析中最普遍的几种。

"满足"

基于我的个人经验和与分析员的讨论，我认为大多数分析都是以与"满足"模式非常相似的方式进行的（选择第一个看起来"足够好"的备选方案）。[⊖]分析员确定那个看起来最有可能的假设——那个看起来最准确的对情况的初步评估、解释或描述。根据数据是否支持这一初步判断来收集和组织数据，如果该假设合理地拟合于数据，则这个假设被接受。之后，细心的分析员会对其他可能的假设和首选假设无法解释的证据进行快速回顾，以确保自己没有漏掉一些重要的考虑因素。

这个方法有三个弱点：关注单一假设导致选择性知觉，未能生成一套完整的竞争性假设，以及专注证实而非证伪假设的证据。下面将对每一个展开讨论。

弱点一：选择性知觉。 初步假设帮助分析员对信息进行选择、组织和管理，它们缩小了问题的范围，使分析员可以将注意力有效地集中在最相关和最重要的数据上。这类假设在工作记忆中起到组织框架的作用，从而有利于分析员从记忆中检索信息。总之，它们是分析过程中必不可

⊖　Alexander George, *Presidential Decisionmaking in Foreign Policy: The Effective Use of Information and Advice* (Boulder, CO: Westview Press, 1980), Chapter 2.

⊖　寻找满足的而不是最佳的解决方案的"满足"概念是赫伯特·西蒙提出的，被广泛用于决策分析的文献中。

少的要素。但是，享用它们的功效也需要付出成本，因为假设也起着知觉过滤器的作用。和普通人一样，分析员也倾向于看到他们正在寻找的东西、忽视搜索策略中未包括的内容。他们倾向于将加工后的信息限制在与当前假设相关的范围内。如果信息与假设不符，分析员可能会丢掉那些让他们提出新假设或假设需修改的信息。

这个缺点可以通过同时考虑多个假设来克服，这将在第8章中详细讨论。这么做的好处是人们可以将注意力集中在少数关键证据上，这些证据能最有效地确定相互竞争的假设的有效性。大多数证据能与几个不同的假设兼容，这一事实在分析员只关注一个假设时，很容易被忽略，尤其如果他们的重点是寻求证实而不是反驳最有可能的答案。

弱点二：未能产生合适的假设。 如果初步假设决定了信息搜索和判断信息相关性的标准，那么，当正确的方案不在所考虑的多个假设中时，它将很有可能被忽略。有关假设生成的研究表明，人们在这项任务上的表现是非常糟糕的。⊖当面临一个分析性问题时，人们要么不能，要么根本不花时间去识别所有的潜在答案。如果对分析过程的这一阶段给予更多重视，将可能会显著地提高分析表现。使用前面讨论的所有三种策略——理论的应用、情景逻辑和比较，分析员应该要花更多时间来发展出一套完整的竞争性假设。

弱点三：未考虑证据的诊断性。 在没有一套完整备择假设的情况下，不可能评估证据的"诊断性"。遗憾的是，许多分析员对证据的诊断性这一概念并不熟悉，它指的是某项证据在多大程度上能帮助分析员确定备择假设的相对可能性。

举例来说，高烧能告诉医生病人生病了，但它无法帮助医生确定病

⊖　Charles Gettys et al., *Hypothesis Generation: A Final Report on Three Years of Research.* Technical Report 15-10-80. University of Oklahoma, Decision Processes Laboratory, 1980.

人患的是什么病，因为许多可能的疾病都有"体温高"这一症状表现，这里就可以说，"体温高"在确定哪种疾病（假设）更有可能时诊断价值有限。

当证据能影响分析员对各种假设的相对可能性的判断时，它就具有诊断性。如果一项证据几乎符合所有的假设，那么它就完全没有诊断性。通常的经验是，多数现有的证据用处不大，因为它们可以符合所有的假设。

无法拒绝假设

科学研究方法的原则是不断拒绝假设，并只暂时地接受那些无法反驳的假设。相比之下，直觉分析通常集中于证实某个假设，因此通常更重视支持而不是削弱该假设的证据。但正确的做法恰恰相反。虽然分析员常常不能运用科学方法论的统计程序来检验他们的假设，但是他们可以而且应该试图反驳假设，而不是总想着去证实它。

无法拒绝假设体现在两个方面：一是人们不会自然地去寻找否定的证据；二是当这些证据被接受时，往往会被打折扣。如果不能理解前者，可以回想下你会经常读与你政治观点和宗教信仰相反的报纸和书籍吗？而对于后一方面，我们已在第 2 章中讨论过，即人倾向于将新信息纳入到已有的认知框架中，因此，当信息支持假设时，很容易被有效地接受；而当信息削弱了假设时，它很容易会被认为是不可靠的或者是不重要的特例。鉴于上述原因，人们最后得到的信息几乎总是能轻易地"证实"他们认为为真的任何假设。

除了寻求证实性证据的心理偏差外，还有一个重要的逻辑问题也值得考虑。科学方法论所强调的假设拒绝，其背后的逻辑推理是"……所有证实性的事例都不能证明某个规律为真，而一个证伪性的事例则能证明该规律为假"。[一]换句话说,一个假设永远不可能通过列举大量与它一致的证据来得到证实,因为同样的证据也可能与其他假设一致。但是,只要能举出一项与假设不一致的证据,就足以推翻该假设。

　　沃森(P. C. Wason)进行了一系列实验,以检验人们倾向于寻找证实而非证伪的证据这一论点。[二]实验的设计是基于"假设只能通过反驳而不是证实来验证其有效性"这一点。实验者给被试呈现了包含 3 个数字的序列(2、4、6),并要求他们发现这个序列的生成规律。被试通过生成新的数字序列并向实验者寻求反馈,来找寻规律;他们寻求反馈的次数不限,直到他们认为自己已经发现了规律时便可停止。

　　当然,"2、4、6"这个序列的生成,有很多可能的规律可以解释。被试提出了一些初步假设,比如:任何偶数的升序,或间隔的数字序列。结果与预期一样,被试普遍采取了错误的方法来寻求反馈,即他们试图证实而不是削弱自己的假设。例如,当他们检验"任何偶数的升序"这一规律时,他们会问"8、10、14"这个序列是否符合规律。

　　读到这里的读者会意识到,不管列举多少个符合假设的偶数序列,该论证方法将永远也不能证明上述规律是对的。要想验证这个初步假设,被试需要列举一个升序的奇数序列;只有通过反馈知道新的序列也符合规律时,才能推翻假设。

　　沃森的实验中序列的生成规律是:任意三个升序数,无所谓奇数还是偶数。由于采用了寻求证实证据的策略,29 个被试中只有 6 个在首次确认规律时,就找到了正确的规律。该实验之后又被另一组研究者所重复,结果 51 个被试中,没有一个人在首次以为自己发现了规律时,就给

　　[一] P. C. Wason, " On the Failure to Eliminate Hypotheses in a Conceptual Task, " *The Quarterly Journal of Experimental Psychology*, Vol. XII, Part 3 (1960).

　　[二] Wason, 同上。

出了正确答案。[⊖]

　　在沃森的实验中，如果采用找寻证实性证据而非证伪性证据的策略，将极有可能得出错误的结论，因为"2、4、6"这个序列符合很多可能的假设，不管被试想要验证的初步假设是什么，他们都很容易给出证实性证据。需要重视的是，在情报分析中，类似这样一个证据与多个假设相符的情况，极为常见。

　　例如，想想那些早期预警指标，它们旨在预示即将发生的攻击。然而，其中很多指标也符合以下假设：军事调动是虚张声势的，主要是为了施加外交压力，对方并不会马上采取军事行动。如果分析员仅锁定一个假设，并努力寻找证据来证实它，那么他们往往会被引入歧途。

　　相比于被试在上述实验中可获得的证据，情报分析员在工作中可获得的证据有一个很大的不同：情报分析员所处理的问题中，证据和备择假设之间是概率关系。因此，不太可能完全排除某个假设——人们最多只能说，鉴于已有的证据，某个假设可能不成立，而不能说它完全不可能。

　　情报工作中可获得证据的这一特点，让情报分析员更难通过那些旨在削弱假设的策略来得出结论，但这并不意味那些旨在证实假设的策略在情报工作中会更奏效。

　　环境和不充分的数据往往阻碍了在情报分析中应用严格的科学程序（尤其是统计方法）来检验假设。但是，没有任何理由阻止分析员在情报中采用寻找相反证据这一基本的概念化策略。最佳的分析策略需要分析员寻找信息来否定他们最偏爱的理论，而不是采用满足策略来接受看起来与证据相符的第一个假设。

　　⊖　Harold M. Weiss and Patrick A. Knight, " The Utility of Humility: Self-Esteem, Information Search, and Problem-Solving Efficiency," *Organizational Behavior and Human Performance*, Vol. 25, No. 2 (April 1980), 216-223.

结论

对失败的情报工作人们有很多详细的评估，但对成功的情报工作却鲜有类似的评估。在回顾关于成功情报工作的文献时，弗兰克·斯特克（Frank Stech）虽然发现了很多成功的案例，但仅有三篇文章提供了足够的方法论细节以阐明有助于成功的情报分析过程和方法。这些文章描述了二战期间美国和英国在分析德国的宣传策略、预测德国潜艇动向以及评估德国空军未来能力和意图等方面的成功情报工作。[⊖]

斯特克指出，在这些非常成功的案例中，分析员采用的程序都能实现"生成有关敌方意图的多种不同假设，并促进假设之间的相互检验"。三份报告中的每一份都强调了这种用证据检验相互竞争的假设的做法。[⊖]

相比于仅专注于一个最有可能的解释或评估，同时评价多个相互竞争的假设能帮助分析员得出更系统、更客观的分析，但是后者比前者需要更多的认知卷入，因为将多个假设保留在工作记忆中并关注每项证据是如何与每个假设相匹配的，是一项艰巨的认知任务。这也是为什么在对复杂问题的直觉分析中，这种方法很少被采用。然而，我们在第8章中所介绍的简单程序，可以帮助实现这种方法。

⊖ Alexander George, *Propaganda Analysis: A Study of Inferences Made From Nazi Propaganda in World War II* (Evanston, IL: Row, Peterson, 1959); Patrick Beesly, *Very Special Intelligence: The Story of the Admiralty's Operational Intelligence Center 1939-1945* (London: Hamish Hamilton,1977); and R. V. Jones, *Wizard War: British Scientific Intelligence 1939-1945* (New York:Coward, McCann & Geoghegan, 1978).

⊖ Frank J. Stech, Political and Military Intention Estimation: A Taxonometric Analysis, Final Report for Office of Naval Research (Bethesda, MD: MATHTECH, Inc., November 1979), p.283.

CHAPTER 5

第 5 章

真的需要更多信息吗

　　人们常常将情报分析的困难归咎于可用的信息欠缺。美国情报界在改进情报收集系统方面投入了大量资金，但情报分析的管理层则感叹投入在增加分析资源、改进分析方法或加深对分析判断所涉及认知过程的理解等方面的资源太少。本章质疑了情报分析中通常隐含的假设，即缺乏信息是做出准确情报判断的主要障碍。[一]

○　○　○

实验心理学家将不同领域的专家作为被试，研究了专家可获得的信息的数量、他们基于这些信息所做的判断的准确性，以及专家对这些判断的信心之间的关系。这里所说的"信息"，是指分析者在做出一个判断时所能利用的全部材料。

这项研究的主要发现是：

● 一旦有经验的分析者掌握了做出明智判断所需的最少信息，获得

─────────────

　○　这是发表在《情报研究》（第 23 卷，第 1 号，1979 年春季）的一篇文章的编辑版本。该文原文后来被收录进 *Inside CIA's Private World: Declassified Articles from the Agency's Internal Journal*, 1955-1992(New Haven: Yale University Press, 1995) 一书中。另一个稍有不同的版本发表在 *The Bureaucrat*, Vol. 8, 1979, under the title "Improving Intelligence Analysis: Some Insights on Data, Concepts, and Management in the Intelligence Community"。原始文章中有关改进情报分析的部分已移至本书第 14 章。

更多信息通常不会提高其判断的准确性。但是，更多信息的确会让分析者对判断更加自信，甚至过分自信。

- 经验丰富的分析者并不完全了解他们在做出判断时实际使用了哪些信息。他们并未意识到自己的判断在很大程度上是由少数几个主导因素决定的，而不是通过系统地整合所有可用信息得到的。实际上，分析员在判断时所使用的信息比他们自己认为的要少得多。

正如下文所述，这些实验结果不应该被简单地解读。比如，在某些情况下，更多的信息确实有助于人们做出更准确的分析。但是，在另一些情况下，增加的信息——尤其是相互矛盾的信息——会削弱而不是增强分析员的信心。

这些实验的结论虽然令人不安但并不意外，为了更好地解释这些结论，有必要考虑四种不同类型的信息，并讨论它们在提高分析判断的准确性上的相对价值。此外，区分由数据驱动的分析和由概念框架驱动的、对数据进行解释的分析这两种分析类型，对于提高分析判断的准确性也是有帮助的。

不管是对情报分析的管理还是实操来说，理解信息数量和判断准确性之间的复杂关系都有意义。更好的理解会带来对准确分析有确凿帮助的分析程序和管理举措；同时，它也意味着，可能将资源从某些高成本的情报收集项目中释放出来，用于更好地了解整个分析过程。

这些研究结果在情报界之外也有广泛的意义。不管在哪个领域中，分析信息以更好地了解当前发展、预测未来结果，都是决策的重要组成部分。事实上，在医疗和心理诊断、股市分析、天气预报和赌马等多个领域的专家身上，人们都分别进行了针对人类基本思维过程的心理学实验研究。

在实验中，某个领域的专家只能通过分析有限数量的可识别和可分类的信息来做出判断或估计，随后他们所给出的结论的准确性将被检验。例如，股票市场分析员通常会利用市盈率、利润率、每股收益、市场交易量、阻力位和支撑位等信息进行工作，因此定量地衡量预测结果的准确性会相对更容易些。这样，通过控制给专家组的信息，然后检查根据这些信息所做出判断的准确性，就可以研究人们是如何利用信息做出分析判断的。

实验：赌马

下面的实验描述将帮助了解信息分析的过程。[一]8 位经验丰富的赛马分析员被展示了一份有代表性的过往成绩单，它包含了 88 个变量，例如：马能承受的重量；马在上一年比赛中获得第一、第二或第三名的百分比；骑师的记录；以及距离马上次比赛的天数。每位分析员被要求首先确定他认为最重要的 5 项信息，即如果只能得到关于每匹马的 5 项信息，那些他希望用来预测比赛的信息是哪几项。之后，可用信息的数量被增加到 10 项、20 项和 40 项，分析员再选择他们认为的最重要的变量。

这时，分析员们拿到了过去 40 场比赛的真实数据（经过匿名处理，无法识别出实际的马和比赛），并被要求给出每场比赛中排名前 5 的马的顺序。每位分析员都得到了他认为最有用的信息，信息的数量分别是 5 项、10 项、20 项和 40 项。这样，每位分析员针对每场比赛会做出 4 次预测，每次预测使用的信息数量不同。每次预测时，分析员都会用百分比为自己的预测打分，来表示对自己所给出预测的准确性的信心程度。

当将分析员们的预测与这 40 场比赛的实际结果进行比较后，很明

⊖　Paul Slovic, " Behavioral Problems of Adhering to a Decision Policy, " unpublished manuscript,1973.

显，预测的平均准确率与分析员们掌握的信息数量无关。更进一步地，随着信息数量的增加，3 位分析员的预测准确率降低，2 位的预测准确率提升，还有 3 位则没有变化。但是，随着信息数量的增加，所有人对自己判断的信心都稳步提高。图 5-1 描述了信息数量、分析员预测第一名的准确率和分析员对自己预测结果的信心之间的关系。

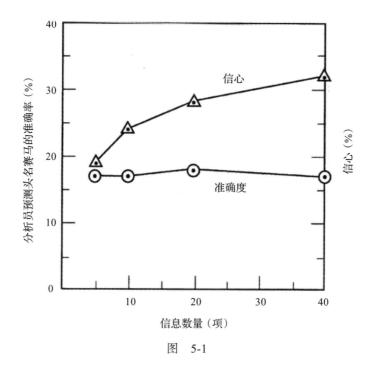

图　5-1

当只有 5 项信息时，分析员的信心与结果的准确率水平相当，但随着接受信息的增多，他们就变得过于自信了。

其他领域的类似实验也证实了信息数量、准确率和分析者信心之间的这种关系。[○]在一个针对临床心理学家的实验中，有关某一正常个体的

○　有关参考列表，请参见 Lewis R. Goldberg, "Simple Models or Simple Processes? Some Research on Clinical Judgments," *American Psychologist*, 23 (1968), pp. 261-265。

心理案卷被分成 4 个部分，以代表不同的生活时期。32 名具有不同经验水平的心理学家被要求根据这些信息做出判断。每阅读完一部分案卷，心理学家都需要回答关于该个体的人格的 25 个问题（这些问题都有标准答案）。和其他实验一样，信息数量的增加带来了心理学家对自己所做的判断的信心的显著提升，但它带来的准确率的提升可忽略不计。[⊖]

一系列研究医生诊断疾病的心理过程的实验发现，数据收集的彻底程度和诊断的准确性之间关系不大。那些自述研究策略强调彻底收集信息（而不是形成和检验假设）的医学生，其判断的准确性明显低于平均水平。明确地提出假设看起来会引导人们更有效地搜集信息。[⊖]

对专家判断进行建模

另一个重要问题涉及分析员对自己心理过程的理解有多准确。他们对自己做判断时权衡证据的过程的洞察力有多好？实际上，对于每一种待分析的情景，分析员都有一个由信念和假设组成的、隐含的"心理模型"，即哪些因素是最重要的，不同因素之间的关系如何。如果分析员对自己的心理模型有很好的洞察力，他们应该能够识别和描述出他们在做出判断时最倚重的因素。

然而，强有力的实验证据表明，对心理模型的自我洞察通常是不准确的。与实际情况相比，专家自以为的判断过程（包括所考虑的不同种类的信息数量）要复杂得多。他们会高估对自己判断只产生很小影响的某个因素的重要性，并低估自己在做判断时对几个主要因素的依赖程度。总

[⊖]　Stuart Oskamp, "Overconfidence in Case-Study Judgments," *Journal of Consulting Psychology*, 29 (1965), pp. 261-265.

[⊖]　Arthur S. Elstein *et al., Medical Problem Solving: An Analysis of Clinical Reasoning* (Cambridge, MA and London: Harvard University Press, 1978), pp. 270 and 295.

之，人们的心理模型要比他们想象中的简单，分析员通常不仅不知道哪些因素应该有最大影响，而且也不知道哪些因素实际上有最大的影响。

上述结论都已得到了实验的证明。在这些实验中，分析员被要求对其专业领域内的大量案例进行定量评估，其中每个案例都由若干可量化的因素定义。例如，在一个实验中，股票市场分析员被要求预测 50 只股票的长期价格升值，每只股票都通过市盈率、公司盈利增长趋势、股息分红等术语来描述。[○]完成这项任务后，分析员被要求解释他们是如何得出结论的，包括他们认为的每个变量的重要程度。他们需要足够明确地描述结论得出的过程，以使其他人在面对相同的信息时，通过应用这些决策逻辑也能得出同样的结论。

为了比较股票分析员口述的规则和他们在实际决策中反映出来的判断规则，研究人员使用多元回归分析或其他类似的统计程序来构建数学模型，以说明每个分析员实际上如何权衡与组合相关变量的信息。[○]至少有 8 个类似的研究在不同领域中开展[○]，包括一项预测不发达国家未来经济增长的研究。[○]与分析员自己口头描述如何做出判断相比，基于分析员实际决策所建立的数学模型总是能更准确地描述他们是如何决策的。

尽管这一现象的存在已经被充分证明，但是其原因尚不十分清楚。这些实验的文献中仅有以下推测性的解释：

○ Paul Slovic, Dan Fleissner, and W. Scott Bauman, "Analyzing the Use of Information in Investment Decision Making: A Methodological Proposal," *The Journal of Business*, 45 (1972), pp. 283-301.

○ 有关方法论的讨论，请参见 Slovic，Fleissner 和 Bauman，同上。

○ 有关参考文献的列表，请参见 Paul Slovic 和 Sarah Lichtenstein, "Comparison of Bayesian and Regression Approaches to the Study of Information Processing in Judgment," *Organizational Behavior and Human Performance*, 6 (1971), p. 684.。

○ David A. Summers, J. Dale Taliaferro, and Donna J. Fletcher, "Subjective vs. Objective Description of Judgment Policy," *Psychonomic Science*, 18 (1970) pp. 249-250.

我们之所以认为自己能同时考虑到许多不同的因素，可能是因为我们记得自己在不同的时间点曾考虑过每一个不同的因素，但我们却没有意识到，我们很少在同一时间考虑超过两个因素。⊖

新信息何时会影响我们的判断

为了在情报分析员所处情境中评估这些实验结果的相关性和重要性，有必要将分析员可能得到的额外信息分为四类：

- **分析中已考虑变量的更多补充细节**。很多原始的情报报告都属于这一类。这类信息通常不会影响分析员整体判断的准确性，并且也很容易理解的是，这类与之前信息一致的补充细节能增强分析员的信心。那些有大量深度细节的分析，不管是对作者还是对读者来说，都更有说服力。

- **识别到新的变量**。新变量相关的信息会让分析员开始考虑可能影响结论的其他因素。这就是在赌马实验中额外信息的类型。其他实验中则使用了新变量和已有变量新细节的组合信息。人是基于几个关键变量而非全部变量做判断的这一发现，有助于解释为什么新变量通常不会提高预测的准确性。有时，在分析员的理解存在已知缺口的情况下，一份包含新的、之前未考虑过的因素的报告（例如，有关政策决定或计划中政变的权威报告）将对分析员的判断产生重大影响。这类报告属于以下两类新信息中的一类。

- **分析中已考虑变量的新事实**。这类信息的一个例子是，赛马分析

⊖ R. N. Shepard, "On Subjectively Optimum Selection Among Multiattribute Alternatives," in M. W. Shelly, II and G. L. Bryan, eds., *Human Judgments and Optimality* (New York: Wiley,1964), p. 166.

员得知一匹他认为会有 110 磅[⊖]重的马，实际上只有 106 磅重。一般的情报报告通常需要处理这类信息；例如，分析员可能会了解到，一个持不同政见的组织比预期的要强大。当新的事实涉及关键变量的变化时，它会影响判断的准确性。分析员对基于这类信息所做的判断的信心，受到信息数量和他们对信息准确性的信心的影响。

- **关于哪些变量最重要以及它们相互关系的信息。** 有关哪些变量最重要以及它们之间是如何相互关联的知识和假设，构成了指导分析员分析所获得数据的心理模型。对这类关系的详尽调研，是区分系统研究与情报报告、原始情报材料的关键因素之一。例如，在赌马实验中，分析员必须选择将哪些变量纳入分析：与其他几个影响赛马表现的变量相比，一匹马所携带的重量是更重要还是更不重要？任何影响这一判断的信息都会影响分析员如何分析已有的数据，也就是说，会影响他的心理模型。

分析员判断的准确性既取决于心理模型的准确性（上文讨论的第四类信息），也取决于模型中关键变量的事实准确性（上文讨论的第三类信息）。分析员心理模型中已有变量的新增细节，以及对结论判断没有实际重大影响的其他新增变量信息（第一类和第二类信息）对分析准确性的影响可以忽略不计，但它们却构成了分析员需要处理的大量原始素材。后两类信息增加了分析员的信心，是因为结论看起来得到了大量数据的支持。

以上对新信息类型的讨论，是区分两类分析的基础——数据驱动的分析和概念驱动的分析。

⊖ 1 磅 = 0.454 千克。

数据驱动的分析

在这类分析中,结论的准确性主要取决于已有数据的准确性和完整性。如果假设分析模型是准确的,并进一步假设分析员正确地将这个模型应用于数据,那么分析判断的准确性将完全取决于数据的准确性和完整性。

某军区战备状态的分析就是数据驱动分析的典型例子。在对战斗准备状态进行分析时,要遵循的规则和程序相对完善;全部的内容合起来构成了一个心理模型,它会影响对所收集到的情报的感知,并指导判断哪些信息是重要的、应如何分析这些信息以得出有关战备状态的判断。

构成心理模型的大部分元素都可以被明确地描述,因此可以传授给其他分析员,以便他们在理解和遵循相同的分析程序后,得出相同或类似的分析结论。尽管没有达成绝对的一致,但对什么是合适的模型已有广泛的共识。因为结论是将约定模型应用于已有数据而得来的,判断分析的质量也就有了相对客观的标准。

概念驱动的分析

与数据驱动的分析相比,概念驱动的分析正好在另一个极端。要回答的问题并没有明确的边界,而且有许多未知数。许多的潜在相关变量,以及对这些变量间关系的不同解读和不完全理解,使分析员陷入了巨大的复杂性和不确定性中。面对纷杂的信息碎片,并没有现成的、经过检验的理论可以告诉分析员,哪些信息是最重要的,以及该如何将它们结合起来以得出概率判断。

在没有约定分析模式的情况下,分析员只能靠自己。他们借助自己的心理模型来对信息进行解释,但这些模型往往是内化的,而非外显的——例如，分析员对目标国家政治力量和政治进程的假设，甚至可能他们自己都没意识到。这类模型很难得出分析上的共识，因为面对同样的数据，分析员很可能得出不同的结论，或者得出同样的结论却是出于不同的原因。这种分析就是概念驱动的，因为分析结果不仅取决于数据，也（至少同等程度地）取决于用于分析数据的概念框架。

为了更好地说明数据驱动的分析和概念驱动的分析间的区别，不妨考虑下负责当下情报（尤其是与长期研究不同的当前政治情报）的分析员的职责。他们每天的例行工作即是接收通讯社新闻信息、使馆电报和来自海外的秘密消息，并解读这些信息以便传播给情报界的同人。尽管当下情报报告由传入的信息所驱动，但这并不代表它是数据驱动的分析；相反，分析员的工作通常是完全受概念驱动的：他必须对最新的、突发的事件做出快速的解释，并且，除了最初的、不完整的报告和自己的背景知识外，分析员没有更多可用的数据。在这种情况下，对某国所发生的事件的解释依赖于责任分析员对该国的事件通常是如何以及为什么发生的内隐心理模型。判断的准确性几乎完全取决于心理模型的准确性，因为几乎没有其他判断的基础。

需要考虑的是，如何在现实中检验内隐的心理模型，以及如何调整这个模型以提高分析判断的准确性。但是有两点让改变已有的心理模型变得很难，一是人类知觉和加工信息的特点，二是在很多领域，很难知道什么是真正准确的模型。

鉴于人类直觉和信息加工的特点，不管是什么类型的信念都会抵制变化，这一点对于那些在形成心理模型的过程中扮演了重要作用的内隐假设和"不言自明的真理"尤其正确。分析员常常惊讶地发现，对他们来说不言自明的真理，对别人来说绝不是不言自明的，或者在某个时间点上公认的真理，在10年后则被普遍认为是无知的假设。

与已有思维定式一致的信息，更容易被感知和加工，这进一步强化了已有信念。由于大脑本能地追求一致性，那些与已有心理图式不一致的信息往往会被忽略，或者以扭曲的方式被感知，又或者被合理化以适应现有的假设和信念。[⊖]

通过经验学习做出更好的判断的前提是，分析员能得到对之前判断准确性的系统性的反馈，以及他有能力将判断的准确性与促使自己做出该判断的特定变量联系起来。在实践中，情报分析员难以得到系统性的反馈，甚至就算他们知道了曾预言的事实际上已发生或没有发生，他们通常也不能确定这是不是由于他们所预见的原因导致的。因此，分析员的个人经验并不能指导其修正自己的心理模型。[⊖]

分析的马赛克理论

人们常常用马赛克来比喻分析的过程，但这往往会造成误解。根据情报学的马赛克理论，当收集到的碎片化信息就像马赛克或拼图一样被放在一起时，分析人员才能最终清楚地看到现实。这个比喻暗示，准确的评估主要依赖于是否拥有了全部碎片，即是否拥有准确和相对完整的信息。收集和存储信息碎片非常重要，因为它们是构成现实图景的原材料；并且说不准，精明的分析员随时都有可能将某个信息碎片放到整体的拼图中。情报收集的大型技术系统的理论基础之一就是马赛克理论。

⊖　当然，这是指潜意识过程。没有哪个分析员会有意地扭曲不符合自己先入之见的信息。在新信息进入意识之前，对其进行感知和加工的关键步骤就开始了，并且与任何意识都无关；此处描述的倾向很大程度上是这些潜意识或前意识过程的结果。

⊖　类似的观点也用于驳斥老师能在课堂中积累智慧这一信念。"实际上，教师很难从经验中获益。他们几乎永远不会了解他们的长期成功或失败，并且教学的短期效应也很难说是因为他们所以为的那些实践。"参见：B. F. Skinner, *The Technology of Teaching* (New York: Appleton-Century Crofts, 1968), pp. 112-113。

但是，认知心理学的研究表明，情报分析员的工作方式并不如此，并且最复杂的分析任务也无法以这种方式进行处理。分析员找到的碎片通常看起来适合很多不同的"图画"。因此，分析员并不是将所有碎片放在一起后才拼出现实的"图画"，而是先形成对现实的整体描述，然后再选择适合的信息碎片。要想实现准确的评估，形成整体描述时所用的心理模型，至少和已收集到的拼图碎片数量一样重要。

一个更准确地描述情报分析工作方式的类比是医学诊断。医生观察当下身体表现的指标（症状），利用自己关于身体是如何工作的专业知识来形成假设来解释所观察到的现象，进行检测以收集更多信息来评估假设，然后做出诊断。这个类比强调识别和评估所有合理假设的能力，并只在判断备择假设的相对概率时关注信息的收集。

如果说医学类比是理解分析过程更合适的指南，那么这将影响情报工作中有限的资源的分配。尽管收集信息和分析信息都很重要，但与马赛克的暗喻相比，医学类比认为分析的价值更大，收集的价值更小。

结论

这些研究结果意味着，那些想要改进情报产品的情报部门的领导者和管理者，可以通过改进分析和收集来实现他们的目标。改进信息收集能获得的收益，在实践中有天花板；但改进分析所能带来的效果却是开放和有想象空间的。

应致力于提升分析员用于解释信息的心理模型以及用于评估信息的分析过程。虽然这一点很难实现，但由于它对有效的情报分析至关重要，因此即使是微小的提升也会带来很大的好处。具体建议我们将在接下来的三章和第 14 章中介绍。

第 6 章

保持开放的心态

头脑就像降落伞，只在打开的时候才能发挥作用。本章将首先回顾思维如何及为什么会陷入定式，之后将探讨一系列的心理工具，它们能帮助分析员保持开放的心态，质疑假设、发现不同的观点、提出新的想法，并认识到何时该改变自己的想法。

一个新的想法是创造过程的开始而不是结束。某个新想法在成为被组织认可的产品或解决方案之前，还必须经历许多挑战。组织氛围在决定新想法是被鼓励还是被压制方面起着至关重要的作用。

○ ○ ○

通常，重大的情报失误是分析失误造成的，而非信息收集失误造成的。在这些失误案例中，相关信息不被重视、被误解、被忽视或被拒绝，是因为它们不符合分析员当时的心理模型或思维定式。[○]关键的"信

○ Christopher Brady, " Intelligence Failures: Plus Ca Change. . ." *Intelligence and National Security*, Vol. 8, No. 4 (October 1993). N. Cigar, " Iraq's Strategic Mindset and the Gulf War: Blueprint for Defeat, " *The Journal of Strategic Studies*, Vol. 15, No. 1 (March 1992). J. J. Wirtz, *The Tet Offensive: Intelligence Failure in War* (New York, 1991). Ephraim Kam, *Surprise Attack* (Harvard University Press, 1988). Richard Betts, *Surprise Attack: Lessons for Defense Planning* (Brookings, 1982). Abraham Ben-Zvi, " The Study of Surprise Attacks," *British Journal of International Studies*, Vol. 5 (1979). *Iran: Evaluation of Intelligence Performance Prior to November 1978* (Staff Report, Subcommittee on Evaluation, Permanent Select Committee on Intelligence, US House （转下页）

号"在信息的"噪声"中丢失了。[⊖]如何确保分析员能对新经验保持开放、在适当的时候根据不断变化的外部世界来调整长期以来的观点或传统见解?

记忆中的信念、假设、概念和信息,构成了可指导人们对新信息感知和加工的思维定式。情报任务的性质迫使我们在早期尚未获得完整、确凿的信息时就需要处理问题,那些既没有信息盲点也没有模糊性的问题,不是有趣的情报问题。当缺乏信息时,分析员通常别无选择,只能依靠之前的信念和假设来解释事件在某个国家通常是如何及为什么发生。

思维定式没有好坏之分,它是不可避免的。从本质上讲,它是分析员对某一主题的知识的主观提炼。它是分析员感知世界的透镜,一旦形成就难以改变。

了解心理定式

在第 3 章介绍记忆时,我们将记忆中的信息视为一张庞大的、多维的蜘蛛网,该网络中的任意一个信息点都有可能与其他信息点连接起来。当分析者频繁地连接两个点时,它们之间会形成一条路径,使得在未来

(接上页注) of Representatives, January 1979). Richard Betts, " Analysis, War and Decision: Why Intelligence Failures Are Inevitable," *World Politics*, Vol. 31, No. 1 (October 1978). Richard W. Shryock, " The Intelligence Community Post-Mortem Program, 1973-1975," *Studies in Intelligence*, Vol. 21, No. 1 (Fall 1977). Avi Schlaim, " Failures in National Intelligence Estimates: The Case of the Yom Kippur War," *World Politics*, Vol. 28 (April 1976). Michael Handel, *Perception, Deception, and Surprise: The Case of the Yom Kippur War* (Jerusalem: Leonard Davis Institute of International Relations, Jerusalem Paper No. 19, 1976). Klaus Knorr, " Failures in National Intelligence Estimates: The Case of the Cuban Missiles," World Politics, Vol. 16 (1964).

⊖ Roberta Wohlstetter, *Pearl Harbor: Warning and Decision* (Stanford University Press, 1962). Roberta Wohlstetter, " Cuba and Pearl Harbor: Hindsight and Foresight," *Foreign Affairs*, Vol. 43, No. 4 (July 1965).

它们之间的联系更容易被唤醒。因此，一旦分析者开始沿着特定的路径思考，他们便倾向于在分析问题时沿用同样的思考方式，这便形成了定式。当遇到问题时，这条路径将自然而然地浮现，位于该路径附近的信息和概念不断重复被唤醒，而远离该路径的信息则不太可能出现在脑海中。

事实上，当谈论打破思维定式、创造力、（甚至仅仅是）对新信息保持开放时，人们都是在讨论通过记忆网络来建立新连接和新路径。这些事实和概念，或用于组织事实、概念的图式，在以前并没有直接的联系，或是仅有微弱的联系。

新的想法来源于将旧元素以新的方式进行组合。以前风马牛不相及的元素，突然以一种新的、有用的组合方式联系起来。[⊖]当连接建立时，曙光就出现。这种将以前不相关的信息和想法，以有意义的方式结合在一起的能力，是分析员思想开放、富有想象力和创造力的标志。

我以我的个人经历，同时也是所有分析员都熟悉的一种思维阻碍的情形——写作阻碍，来说明大脑是如何运作的。我在写作时经常需要打破思维阻碍：一切都进行得很顺利，直到我写到某段被卡住。我写下一些东西，知道它不太对，但就是想不出更好的表达方式。无论我怎么尝试改写该段落，出来的效果都没有差别。我的思维被固化了，我无法跳出已有的特定思维定式、写出不一样的内容。

解决这个问题的常见方法是休息一会儿，花点时间做些别的事，然后再回来解决困难的部分。随着时间的流逝，之前的路径变得不那么明显了，因此更容易建立其他连接。

我找到了另一个解决办法。我强迫自己大声地念出这个困难的段

⊖　S. A. Mednick, "The Associative Basis of the Creative Process," *Psychological Review,* Vol. 69(1962), p. 221.

落。我会关上办公室的门——我不好意思让别人听见我自言自语，然后站起来在屋内边走边自问自答。"好吧，这段话的重点是什么？你想传达什么？"我会像在和别人对话一样，大声地回答自己，"我想表达的重点是……"，于是重点就如约而至。大声说出自己的思考能打破阻碍，词汇将开始以不同的方式组合在一起。

最近的研究解释了为什么这种现象会发生。科学家们了解到，书面语言和口头语言是在大脑的不同部分进行加工的。[○]它们激活不同的神经元。

问题解决的练习

在讨论分析员如何保持对新信息的开放性之前，让我们先通过一个简单的练习来热身。在不抬笔的前提下，用不超过四条直线将图 6-1 中的九个点连起来。[○]

图　6-1

在尝试自行解题后，可参考本章末尾的答案和讨论。然后想想，情

○　Jerry E. Bishop, " Stroke Patients Yield Clues to Brain's Ability to Create Language, " *Wall Street Journal*, Oct. 12, 1993, p.A1.

○　The puzzle is from James L. Adams, *Conceptual Blockbusting: A Guide to Better Ideas.* Second Edition (New York: W. W. Norton, 1980), p. 23.

报分析其实也经常被类似的、无意识的自我约束所影响，或者受到"思想牢笼"的限制。

你不应被传统思想所束缚，它往往是错误的。你不必受现有政策的约束，如果你有充分的理由，现有政策有时能被改变；你不必受制于具体的分析要求，提出要求的决策者可能并没有考虑清楚自己的需求，或者需求在从上至下的传递过程中变得混乱不清。你可能比决策者更了解他需要什么、应该有什么或可以做什么。你应毫不犹豫地与上级指挥沟通，提出一些与要求略有不同的建议。

心理工具

人们使用各种物理工具，比如锤子和锯子，来提高执行各种体力任务的能力。同样地，人们可以使用简单的心理工具来提高执行心理任务的能力。这些工具有助于克服人类心理机制在感知、记忆和推理方面的局限。本章接下来的几节将讨论帮助分析员打开思维以得到新想法的心理工具，而下一章（第 7 章）将会讨论可用于结构化复杂问题的心理工具。

质疑假设

毋庸置疑，分析员需要质疑自己的假设。经验告诉我们，当分析判断的结果被证明是错误的时候，通常不是因为信息错了，而是因为分析员做出的一个或多个错误假设未受到质疑。不过问题在于分析员不可能事无巨细地质疑所有事情，那么他们应将注意力集中在哪里呢？

敏感性分析（sensitivity analysis）。一种方法是进行非正式的敏感性分析。分析中某个重要变量或驱动力的变化是否会导致最终结论的改变？那些推动分析的关键性假设是需要被质疑的。分析员应该问自己，如果这些假设都过时了会发生什么，并自己确定假设尚未失效；他们应该设法反驳自己的假设而不是证实它们。如果一个分析员想不出任何能让自己想法改变的事情，那么其思维定式可能已经根深蒂固了，所以才看不到相互矛盾的证据。竞争性假设（将在第 8 章中讨论）这种方法的优势之一，在于它有助于人们识别那些能左右结论方向的关键性假设。

识别替代模型。分析员应该通过跟与自己观点不同的人沟通，来尝试识别替代的模型、概念框架或者对数据的解释。然而，大多数人并不经常这样做，毕竟与观点或思维定式相同的人进行交谈，让人感到更舒服。现有管理政策中的某几条措施可以帮助克服上述倾向，某些办公室也曾执行过。

例如，多个情报部门都有同行审查程序，在该程序中，没有任何一个审稿人来自撰写报告的部门。这样做背后的原因是：分析员的直接同事和上级很可能有与其相似的思维定式，因此他们最不可能提出一针见血的问题来挑战分析的有效性；为了消除思维定式，来自其他部门的三名分析员组成委员会，对研究报告进行审查。他们并没有报告主题相关的专业知识，但他们都是非常出色的分析员。恰恰是因为他们并没有埋头在相关问题的研究中，所以才能更好地识别隐藏和替代的假设，并判断分析是否充分地支持了结论。

警惕镜像。分析员应当立即辨认出来并质疑的一种假设是镜像——假设对方很可能会以某种方式来行动，只因为美国在类似情况下会这样反应。比如"假设我是俄罗斯情报人员……"或"假设我执掌印度政府……"就是镜像。当分析员不知道俄罗斯情报人员或印度政府的真实想法时，他们可能不得不这样做。但镜像会带来危险的假设，因为其他文化中的人并不像我们这样思考。美军上将大卫·耶利米（David Jeremiah），在回顾了情报界预测印度核武器试验的失败之后，将镜像称为"每个人都像我们一样思考的思维定式"。[○]

在情报分析中，如果将别国对自身国家利益的认识与美国对他国利益的认识混为一谈，通常会带来问题。例如，1977 年，情报界获得了南非疑似有核武器试验场的证据，但是，许多情报专家，尤其是那些对南非最不了解的人，往往倾向于忽略这一证据，因为他们认为"比勒陀利亚不会想要核武器，因为南非没有需要使用核武器来对付的敌人"。[○]在情报分析中，美国如何看待某国的国家利益通常是无关紧要的，所有的分析判断都必须建立在该国如何看待自身国家利益这个基础上。如果分析人员不能洞悉其他国家的想法，镜像思考则可能是唯一的选择，但分析人员永远不应该对这样的判断抱有太大信心。

看到不同的观点

从不同的角度看待熟悉的数据，是分析人员需要掌握的另一项技能。如果你了解国际象棋，就知道只看自己将如何落棋是容易的，但要考虑棋盘上的所有棋子，并站在对手的视角预测他将如何对你的每一步棋做反应，则困难得多。实际上，与对弈一样，为了试图理解另一个国家如何看待美国政府的行动，分析人员需要不断地切换视角：先从美国视角出发，再从其他国家的视角来分析。正如你在第 2 章中观察老妇人 - 年轻女子图片时所体验的那样，这样不同视角的切换是很难做到的。

○ Jim Wolf, " CIA Inquest Finds US Missed Indian `Mindset ' , " UPI wire service, June 3,1998.

○ 与南非前国家情报官员罗伯特·雅斯特尔（Robert Jaster）的讨论。

这里介绍的发掘不同视角的几种技巧，利用了从不同角度提出问题和提出不同问题的一般原则。这些技巧会通过让你扮演一个不同的、你不习惯的角色，来打破你现有的思维定式。

逆向思考。探索新领域的技巧之一是逆向思考。在练习这种技巧时，请先假设某件事已经发生了，然后，站在未来的角度，回头解释这一切是如何发生的：想一想半年前或一年前必定发生了什么事，导致了假设的结果或者为这一结果做了铺垫，以此类推回到现在。

逆向思考将问题分析的焦点从某事是否可能发生变成了某事将怎样发生。站在未来的情景中思考，会让人产生不同的视角，进而使人不再陷于当下。此时，分析员通常会惊讶地发现，他们能为之前自己认为不可能发生的事件构建出相当合理的发生场景。逆向思考对于分析那些发生概率较低，但一旦发生就会造成非常严重的后果的事件尤其有帮助，比如：沙特阿拉伯君主制的瓦解或被推翻。

水晶球。水晶球法的工作原理与逆向思考大同小异。[一]假如一个"完美"的情报来源（如水晶球）告诉你某个假设是错误的。那么，你必须想出一个场景来解释水晶球的情报内容为真。如果你能找到一个合理的解释，那这就意味着你的假设确实应被质疑。

角色扮演。角色扮演多用于克服那些为人的思考范围带来限制的约束。扮演某个角色会改变你思考的出发点，促使人以不同的方式进行思考和行动。分析员们常用的方法，即仅仅想象其他领导人或国家将如何思考与反应，这并不是角色扮演。一个人必须实际地扮演某个角色，或从某种意义上说成为这个角色，因为只有"活"在角色中，才能

⊖　Jon Fallesen, Rex Michel, James Lussier, and Julia Pounds, "Practical Thinking: Innovation in Battle Command Instruction" (*Technical Report 1037, US Army Research Institute for the Behavioral and Social Sciences*, January 1996).

打破分析员的心理定式，允许其将事实和想法以不同于往常的方式相互联系起来。角色扮演的任务不能指望单个分析员独立完成，而需要群体互动，通常是在有组织的模拟情景或游戏中，由不同分析员扮演不同的角色。

国防部和学术界所进行的角色扮演游戏，大多数都相当复杂并且需要大量的准备工作。但其实不一定非要这样。如果游戏设定的背景是分析员已熟知的真实场景，而不是参与者需要学习的概念场景，则无需过多的准备工作，一份假设的情报报告就足以开启游戏。根据我的经验，几乎不需要投入任何准备工作，在一天内就可以举行一场有用的角色扮演游戏。

游戏并不会给出"正确"答案，但它通常会让玩家以新的视角看待某些事情。玩家们会非常清醒地意识到"你的立场取决于你的位置"。通过改变角色，参与者可以在不同的立场上看待问题，这就解放了头脑，使人能进行不同的思考。

恶魔拥护者。恶魔拥护者是指为少数派观点辩护的人，他不一定同意该观点，但主动选择或被指派为尽可能地代表它。这样的目的是让对立的解释被人看到，并让人知道如果替代性的假设为真，世界将会变成什么样。这很难，因为从不同角度看待世界，往往需要花费时间、精力和决心。[⊖]

假设你是美国某个海外情报机构的负责人，正担心可能发生恐怖袭击。标准的工作流程是检查已有措施并评估其是否充分，但负责相应措施的人很可能会施加间接或直接的压力，让你不得不满意这些措施。一

⊖ 一个有关"恶魔拥护者"方法的优点和潜在缺点的有趣讨论，请参见：Robert Jervis, *Perception and Misperception in International Politics* (Princeton, NJ: Princeton University Press, 1976), pp. 415-418。

个替代的方案是，指定某个人或某个团队为恶魔拥护者，由他们来制定袭击的具体计划。这项任务能让指定对象不再拘泥于常规，开始像恐怖分子一样思考，在寻找系统内可能使同事感到尴尬的缺陷时不再感到拘束，因为揭露这些缺陷是指定的任务。

恶魔拥护者在情报界有一段颇具争议的历史。需要指明的一点是，冲突观点间的相互竞争是良性的，必须加以鼓励，全面的政治斗争则会适得其反。

知道何时改变主意

一般来说，人们不愿意改变已有的观点。人的思维是保守的，它抵制变化。过去行之有效的假设，即使在过时很久以后，仍会被继续应用到新的情景中。

从意外中学习。一项对工业界高级经理人的研究，揭示了一些成功的管理者是如何抵制这种保守倾向的。根据该研究，他们是这样做的：

> 当某个事实与他们的先验理解不一致时，他们会关注惊讶的感受，然后强调而不是否认这种新奇感。尽管惊讶使他们感到不舒服，但这使他们能认真地对待（惊讶的）原因并进行调查……成功的高级管理者不会否定、轻视或忽略与自己先前观点不一致之处，而会友好地对待它，并珍惜由惊奇带来的不适感。因此，这些高级管理者通常能较早地感知到新事物，并且心态相对来说也没有被墨守成规的观念所扭曲。[⊖]

⊖ Daniel J. Isenberg, "How Senior Managers Think," in David Bell, Howard Raiffa, and Amos Tversky, *Decision Making: Descriptive, Normative, and Prescriptive Interactions* (Cambridge University Press, 1988), p. 535.

　　分析员应当记录下意料之外的事件并认真思考它们可能意味着什么，而不是忽视它们或为它们辩解。不管这些意外事件有多微不足道，关键是要思考它们是否与某些替代性假设一致。单个意外事件可能很容易被忽略，但多个类似的意外则可能是初步的线索，提示你需要调整对当下正在发生的事件的理解——你当前的理解可能是不完整的，甚至可能是错的。

　　战略假设与战术指标。亚伯拉罕·本－兹维（Abraham Ben-Zvi）分析了 5 个未能预见到突袭的失败情报案例。[一]他有效地区分了基于战略假设的判断和基于战术指标的判断。战略假设的例子包括 1941 年美国认为由于认识到了美国的军事优势，日本希望不惜一切代价避免战争；以及 1973 年以色列认为阿拉伯人在获得足够的空中力量以确保对天空的控制前不会攻击以色列。一个例子是 1998 年的印度核试验，这被普遍认为是出人意料的，并且在某种程度上是因为专家没能对即将进行的试验发出警告导致的；这个失败情报案例背后的错误战略假设是，由于担心美国的经济制裁，印度新政府将不会进行核武器试验。[二]

　　战术指标则是指关于对方准备或意图发起敌对行动的具体报告，或在印度事件中，是准备核试验的报告。本－兹维发现，每当战略假设和即将受到攻击的战术指标趋于一致时，情报分析员就会立即觉察到威胁，并采取适当的防备措施。而在本－兹维分析的 5 个案例中，当战术指标和战略假设之间有差异时，战略假设总是占主导地位，并且分析员从来不会因为不断增加的、相互矛盾的信息来重新评估这些战略假设。本－

　　[一]　Abraham Ben-Zvi, " Hindsight and Foresight: A Conceptual Framework for the Analysis of Surprise Attacks," *World Politics*, April 1976.

　　[二]　Transcript of Admiral David Jeremiah's news conference on the Intelligence Community's performance concerning the Indian nuclear test, fourth and fifth paragraphs and first Q and A, 2 June 1998.

兹维认为，战术指标在决策过程中应该得到更多的重视；至少，与战略假设相悖的战术指标的出现应该触发更高级别的情报警报，因为这可能表明更大的意外即将发生。

第8章会提供一个框架，能用于识别意外事件，并能评估那些与我们长期秉持的假设和信念相悖的战术指标和其他形式的证据。

激发创意思维

正如在大多数人类活动中一样，想象力和创造力在情报分析中也发挥着重要作用。情报判断需要有对当前情境的可能原因和结果进行想象的能力。所有可能的结果并不是现成给定的，分析员必须通过想象力来构建情境，以说明可能会有怎样的结果。同样地，要想从外国政府的视角来重新看待一个问题是如何出现的，不仅需要知识也需要想象力。质疑长期以来被认为是理所应当的事也需要创造力——苹果从树上掉下来的事实是众所周知的，而只有牛顿富有创造力地问了"为什么"。情报分析员也应该提出新的问题，从而识别出之前未曾注意到的关系，或发现之前没有预见到的可能结果。

创造性的分析产品需要提供有想象力的或是创新的——但同时也是准确的、有效的——方法，以满足任何主要的分析需求：收集信息、分析信息、记录证据、提出结论。挖掘特殊的数据源、提出新的问题、应用不常见的分析方法、开发新型产品或新分析方法来满足消费者的需求，这些都属于创造性活动。

一个人的创造力与他的智商无关，而是受到组织环境的重大影响。新的但是正确的想法最有可能在鼓励其发展和交流的组织氛围中产生。

旧的观点认为，创造力是天生的且不能在后天被教授或习得，这在很大程度上是错误的。尽管天赋本身很重要，而且可能不易改变，但学会更有效地运用自己与生俱来的天赋则是可能的。通过理解、练习和有意识地努力，分析员可以胜任更有想象力、创新性和创造力的工作。

关于创造力及如何激发创造力的文献有很多，并且人们至少开发了六种不同的方法来教授、促进或解放创造性思维。这些方法都是基于如下假设，即思维过程可与思维内容是相互独立的；学习到的心理策略，可以被用于解决任何学科的问题。

这里，我们的目的不是要审核市面上售卖的用于增强创造力的课程。这些课程更适用于处理新品开发、广告或管理等问题。但是，讨论这些课程所共有的关键原则和技术是有意义的，这样情报分析员或情报分析组可以将其应用在工作中。

情报分析员需要能提出很多想法：某个事件的潜在原因或解释、外国政府可能推行的政策或采取的行动、现有局势的可能结果，以及会影响最终结果的变量。分析员也需要帮助，以摆脱思维的束缚，激发记忆和想象力，并用新的视角觉察熟悉的事件。

以下是一些可用于情报分析的创造性思维的原则和技巧。

推迟判断。毫无疑问，这一原则是最重要的。在分析中，想法产生的阶段应该与想法评估的阶段分开，评估应推迟到所有可能的想法都已被提出之后再进行。这种做法与常见的提出想法并同时评估它们的做法背道而驰。激发想象力和批判性思维都很重要，但二者不可兼得。批判性的态度，不管是表现为对自己想法的自我审查，还是表现为害怕同事或上级的批评、评价，都会削弱想象力。想法的产生应该是一个随心所欲、不受约束、不受批判的过程。

顾名思义，新想法是不合常规的，因此，它们可能被有意或无意地抑制，除非这些想法是在安全和受保护的环境中诞生的。批判性判断应该在想法的产生阶段被暂停，所有的想法都应该被记录下来，之后再进行评估。这一方法既适用于个人的想法搜索也适用于小组的头脑风暴：在评估任何想法之前，先将所有的想法写出来。

量变引起质变。第二个原则是，只要想法数量够多，最终会产生好的想法。这条原则背后的假设是，最先出现在脑海中的都是普通或常见的想法，而只有在这些想法都被提出后，人们才会产生原创的或不同的想法。人们有习惯的思考方式，他们喜欢沿用这些过去已被证明似乎是正确的方式进行思考，因此他们很可能认为最先进入脑海的想法就是自己能得到的最好想法，没必要再深入探究。然而，在寻找可用的新想法时，应该先产生尽可能多的想法，然后再进行评估。

不自我设限。第三个原则是，应该允许（实际上是鼓励）尽可能自由地进行思考。分析员有必要将自己从自我施加的限制中解放出来，不管这种限制是来自分析习惯、有限的视角、社会规范、情感障碍还是其他方面。

思想的交融碰撞。创造性问题解决的第四个原则是，思想的交融碰撞非常重要且必要。思想之间应该相互结合，以形成更多甚至更好的思想。如果创造性思维意味着在以前不相关或弱相关的概念之间建立新的联系，那么，任何将更多概念以新颖的方式并置在一起的活动都将会激发创造力。与其他分析员互动是该原则最基础的体现。一般来说，当与他人合作时，人会产生更多创造性的想法；他们会互相帮助以建立和发展彼此的想法。人际互动在想法之间激活了新的联系，促使人们在完成任务时更加努力并保持专注。

这里称赞的团队互动并不包括标准的委员会会议或协调流程——这些会议或协调过程会基于约定的最低共同标准来强制达成共识。我对团队互动的正面评价主要适用于旨在产生新想法的头脑风暴会议。在这样的会议中，基于前面的第一个原则，所有的批评和评估都会被推迟到想法产生阶段完成之后进行。

独立思考也有其优势：与团队互动相比，个体思考往往更具有条理和系统性。最好的想法通常结合了独立思考与团队合作，团队互动产生的想法能补充个人的思考。很显然，多元化的团队比同质化的团队更好，某些成员应该是对所讨论问题不熟悉的分析员，因为这样他们才更有可能提出不同的见解。

想法评估。所有提升创造力的技巧都在关注如何激发想法，但没有提及如何决定最佳创意。因此，这些技巧、过程都旨在产生想法，而不是评估想法；但是，它们又确实有助于想法的评估，因为从某种意义上说，产生更多替代方案的能力可以帮助分析员更好地了解任何单一想法或行动可能带来的潜在后果、影响和效果。

组织环境

新的想法不是创造过程的最终产物，相反，它是想法被转化为创新产品这一过程的开始，有时这个过程是漫长而曲折的。想法必须被打磨、被评估、被人们讨论，而这个过程会受到所在组织环境的影响。在被接纳为组织产品之前，潜在的有用的新想法必须越过许多障碍。

接下来的段落将详细介绍弗兰克·安德鲁斯（Frank M.Andrews）有关创新能力、组织环境和创新研究产品间关系的研究。[⊖]该研究的被试为115 名科学家，每名科学家都领导了一个疾病的社会心理学方面的研究项目。这些科学家接受了衡量创造能力和智力的标准化测试，他们还被要

⊖ Frank M. Andrews, "Social and Psychological Factors Which Influence the Creative Process," in Irving A. Taylor and Jacob W. Getzels, eds., *Perspectives in Creativity* (Chicago, Aldine Publishing, 1975).

求填写一份有关他们的研究环境的问卷。一个由医学社会学领域的顶尖科学家组成的评委小组将会对 115 个研究项目中每个项目的主要成果进行评估。

评委们从生产力和创新性两个维度评估研究结果。生产力被定义为"研究在多大程度上体现了对已有领域的知识补充或对先前理论的扩展"；创新性被定义为"通过新的研究方向增加知识，或对之前理论中没有阐明的现象进行新的理论陈述"。[一]换句话来说，创新需要提出新的问题和开发获取知识的新方法，这与在已有框架内进行富有成效的工作不同。这一定义同样适用于情报分析中的创新。

安德鲁斯发现科学家的创造能力与其研究的创新性之间几乎没有关系。（智力水平和创新能力之间也没有关系。）那些在创造能力测试中得分高的科学家，并不一定能从评价其工作创新性的评委那里得到高分。一个可能的解释是，创造能力或创新性中的一项或者两项，没有被准确地衡量；但安德鲁斯却有说服力地提出了另一种观点：将创造能力转化为创新研究产品所需的步骤，受到各种社会和心理因素的巨大影响，因此仅仅衡量创造能力的作用是不够的。为了证明这一结论，安德鲁斯分析了科学家描述其工作环境的问卷调查数据。

安德鲁斯发现，只有在下述有利条件下，拥有更多创造力的科学家才能产生更多创新的成果：

- 当科学家认为自己有责任发起新活动时。创新的机会和对创新的鼓励，是意料之中的重要变量。

- 当科学家对其研究项目有绝对控制权时，换句话说，也就是可以自由地设定目标、雇用研究助手和支出资金时。在这种情况下，

　　㊀　同上页，p.122。

一个新想法在发展成创造性的有用产品之前，不太可能被扼杀。

- 当科学家对自己的职业角色感到安全和自在时。新想法往往具有破坏性，追求这些想法会有失败的风险。如果人们在自己的岗位上感到安全，就更有可能推进新想法。

- 当科学家的行政主管"放手不管"时。当主管仅对研究提供支持和便利，而不是直接参与研究时，研究可能会更具创新性。

- 当项目的参与人数和预算较少，且周期较短时。小型项目的灵活性更高，而这反过来有利于人的创造力的发挥。

- 除研究项目之外，科学家也从事如教学、行政管理等其他活动。其他工作可能会提供有益的刺激，或帮助其识别发展或实施新想法的机会。从当前任务中抽离一段时间，即有一段孵化期，通常被认为是创造性过程的一部分。

上述因素中的任何一个单独来看，对最终创造能力的重要性都不大，但它们的影响是会累加的。全部或大部分上述条件的具备，会对创造过程产生强大的积极影响。反过来，如果没有这些条件，即使极富创造能力的科学家也很难将他们的新想法发展为创新性的研究成果。在不利的条件下，最具创造能力的科学家所产生的创新成果甚至要比其他同事更少，这可能是因为他们对工作环境的挫败感更强。

总之，某种程度的创造天赋可能是创新工作的必要前提，但除非人们完成这项工作时所处的组织环境能够促进新思想的发展和交流，否则天赋也将没有用武之地。在不利的环境下，个人很可能会在组织外部寻求创新冲动的表达。

当然，也有例外情况。某些人的创造力，即使在面对强烈的反对时仍会表现出来，充满敌意的环境会让他们感到刺激、有活力和挑战，通过将自己视为荒野中的孤独斗士，他们能获得满足感。但是，当冲突是发生在大型组织和有创造力的个人之间时，通常来说，组织会获胜。

认识到组织环境在激发或抑制创造力方面的作用，就为提高组织的创造力表现指出了一系列明确的措施。分析部门的管理者，不管是基层主管还是中情局局长，都应该采取措施以让分析员更清晰地知道新想法是受欢迎的。这并不容易；创造力意味着对已有事物的批评，因此，它本质上是对既定观念和组织惯例的破坏。

分析员需要有安全感，尤其是在自己的办公室内，这样尚不完善的新想法才可以被表达出来，分析员才可以从他人的反馈中得到启发；分析员不必担心这个新想法因为偏离既定的正统观念而受到批评或嘲笑。一个新想法在萌芽的时候是脆弱且易受到伤害的。它需要在一个受保护的环境中被培育、发展和测试，然后再暴露在严酷的现实中以接受公众批评。分析员的直接主管和办公室同人有责任提供这种庇护环境。

结论

创造能力，即产生新的有用的想法的能力，对情报分析的重要性不言而喻。提升创新思维的技巧并不新鲜；几个世纪以来，富有创造力的思想家们一直在使用这些技巧。唯一的新元素（甚至可能也不再新）是将这些技巧构建在心理学理论之上，以解释它们如何和为什么起作用，以及它们在系统创造力计划中的表现形式。

学习富有创造性的问题解决技巧不会改变分析员的天赋，但可以帮助分析员充分发挥自己的潜力。大部分人比他们自己认为的要更有创新能力。这些技巧的有效性在很大程度上取决于分析员的动机、驱动力和毅力，因为使用这些技巧需要人们在面临日常工作、邮件和已有情报报告的压力下，仍然抽出时间进行深思熟虑的分析。

　　质疑的态度是成功找到新想法的前提。如果某个分析员自信地认为自己已经知道答案，并且坚信这个答案最近没有变化，那么他不太可能产出创新的或有想象力的工作成果。创造力的另一个先决条件是，在明知可能会遭受拒绝甚至嘲笑的情况下，仍有足够的勇气向他人提出新的想法。"富有创造力的人的想法常常使他们与所处的时代的潮流发生直接冲突，他们需要有被孤立的勇气。"[⊖]

图 6-1 中难题的答案

　　图 6-1 中的九点难题，在定义问题过于狭窄时会难以得到解决。比如，有很多人预设，认为自己不能让画出的线条突破这九个点连成的虚构正方形。

　　这种下意识的约束只存在于问题解决者的脑海中，而不在问题的描述中。在对线条长度没有限制的情况下，会相对容易地得出图 6-2 所示的答案。

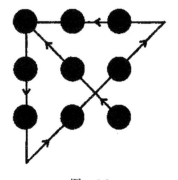

图　6-2

　　⊖　Robin Hogarth, *Judgment and Choice* (New York: Wiley, 1980), p. 117.

另一种常见的、下意识的约束假设：认为绘制的线条必须穿过点的中心。同样，这种约束也只存在于问题解决者的脑海中。取消这一约束，可得出图 6-3 中三条线的解决方案也变得很容易。

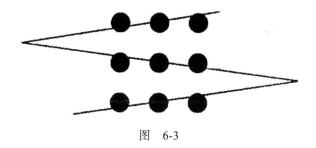

图　6-3

一种更为微妙，且肯定更为普遍的心理预设是，这个问题必须在二维平面中解决。但是，通过滚动纸张以形成圆柱体，就可以绘制一条贯穿所有九个点的螺旋形直线，如图 6-4 所示。

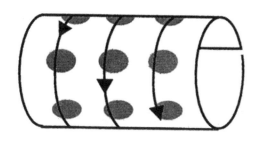

图　6-4

第 7 章

构建分析问题

本章讨论了当问题很复杂导致人不能周全地同时考虑到所有相关因素时，我们能用于问题解构和外化的多种方法。

解构意味着将问题进行细化和分解。外化意味着将脑海中的问题转化为某种可见的形式以便于开展分析。

○　○　○

第 3 章中有关工作记忆的讨论表明，"神奇数字七加减二"[○] 是大多数人在一次工作记忆任务中能处理的信息的数量。若想亲身体验工作记忆在完成心理任务时的这种限制，可试着在脑海中将任意两个两位数相乘——比如，46 乘以 78。如果在纸面上演算，这是一个非常简单的算术题，但大多数人都不能在心算时记住如此多数字。

工作记忆的容量有限是情报分析中许多问题的根源。当分析变得非常复杂时，考虑一下这种复杂性是否会超出你的工作记忆可处理的范围，是否会降低你做出准确判断的能力，是很有用的。图 7-1 表明了随着所分析问题中变量数量的增加，分析的复杂度将呈几何级增长。四条边的正方形代表问题只有 4 个变量的情况，此时变量间有 6 种可能的相互关系；在五边形中，5 个变量间有 10 种可能的关系；当有 6 个和 8 个变量时，

○　George A. Miller, " The Magical Number Seven, Plus or Minus Two: Some Limits on our Capacity for Processing Information." *The Psychological Review*, Vol. 63, No. 2 (March 1956).

变量间的可能关系分别是 15 种和 28 种。

随着变量数量的增加，变量间可能关系的数量也呈几何级增长。

在分析中，有两种基本工具可用于处理复杂性——解构和外化。

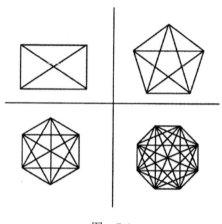

图　7-1

解构即是将一个问题进行拆分，这其实就是分析的本质。韦伯词典对分析的定义是：将某个复杂的整体分解为其组成元素。[一]

决策分析的精髓就是分而治之：将一个复杂的问题转化为多个简单的问题，然后厘清思路解决这些简单的问题，再将分析结果用逻辑串起来……[二]

外化是指将分解后的问题从头脑中拿出来写在纸上或敲到电脑屏幕上，并用某种简化的形式表达出问题的主要变量、参数或元素，以及它们之间的关系。写下 46 乘以 78，就是一个非常简单的外化分析问题的例子。当这个乘法问题被写在纸上时，人们就可以轻松地一次处理问题的一部分，这往往比在头脑中进行乘法运算更准确。

[一]　*Webster's Ninth New Collegiate Dictionary*, 1988.

[二]　Howard Raiffa, *Decision Analysis* (Reading, MA: Addison-Wesley, 1968).

我把这种方式叫作"描绘"问题，也有人称之为为问题"建模"。这个过程可以像列赞成和反对清单一样简单。

用解构和外化待分析的问题来弥补工作记忆的局限性，这样的建议并不是什么新鲜事。下面这句话出自本杰明·富兰克林 1772 年写给氧气的发现者、伟大的英国科学家约瑟夫·普里斯特利（Joseph Priestley）的信：

> 你在对你如此重要的事情上征求我的意见，我因为没有足够的前提所以无法给出确定的建议，但如果你愿意，我可以告诉你如何做决定。难以做决定的情况之所以会发生，主要是因为在这些情况下，所有有利的和不利的理由并不同时出现在我们的头脑中，而是有时一种理由出现，之后另一种理由又出现但之前的理由却被忘记了。各种目的或倾向交替更迭，这样的不确定性让人感到困惑。
>
> 为了解决这个问题，我的办法是在空白纸上画一条分割线：左栏写赞成的理由，右栏写反对的理由。然后，在三四天的思考期内，我会将那些在不同时间想到的各种动机，按照它支持或反对某项措施的分类简要地列在纸上。
>
> 之后，当所有动机都呈现在我面前时，我会努力评估每种动机的重要性：当两个动机权重相等但观点相反时，我会将它们抵消掉；当一个支持动机的权重等于两个反对动机的权重时，我会将三者都从纸上划掉……这样几轮下来，我就会找到决策的平衡点。如果经过一两天更进一步地考虑后，我发现没有遗漏的其他重要理由，我就会直接做决定。
>
> 在上述方法中，尽管理由的重要性并不能用数字精确地衡

量，但当所有理由都摆在我面前，且每个理由都能被独立评估和被相互比较时，我认为我能更好地判断而不会过于草率。事实上，我用这种方法收获了很多……[⊖]

值得一提的是，富兰克林在两百多年前就认识到了工作记忆容量有限的问题，以及它如何影响人们的判断力。正如富兰克林所指出的那样，决策问题很困难，因为人们不能同时将所有的利弊都记在心里。我们先关注一组论点，然后关注力又转移到另一组论点上，"……各种目的或倾向交替更迭，这样的不确定性让人感到困惑"。

富兰克林还找到了解决办法——以某种直观的、简洁的形式，在纸上记录脑海中浮现出来的所有利弊。这个话题出现在杰出人物的对话之中，这一事实反映了什么样的人会使用这种分析工具：所有人都需要这类辅助分析手段，不管分析水平高还是低，因为工作记忆的基本局限影响着每一个人。正是那些更精明、更谨慎的分析者最能意识到工作记忆的局限，也最有可能认识到应用这些非常简单的工具可获得的价值。

将想法以可见的形式呈现，能确保它们不会被遗忘。它们会萦绕在你周围，刺激你产生更进一步的想法。清单之所以有效，是因为它利用了人们有点强迫症的倾向——我们希望不断地增加清单。它让我们把显而易见的、惯常的答案先清空，这样我们就有精力思考其他想法并将它们放入清单。一位创造力方面的专家观察发现，"铅笔可以作为撬棍，来唤活我们的思想"[⊖]——只要把事情列在清单里，就能激发新的联想。

将问题的关键因素以某种简洁的形式记录下来，这使得分析员既能

⊖ J. Bigelow, ed., *The Complete Works of Benjamin Franklin* (New York: Putnam, 1887), p.522.

⊖ Alex Osborn, *Applied Imagination*, Revised Edition (New York: Scribner's, 1979), p. 202.

考虑问题的全局，也能轻松地处理每个部分，并且这样能让他们考虑更多因素而非急于做出全局判断：他们可以控制问题的各个要素，通过重新排列、组合或修改这些因素来仔细检查各种可能性；变量可能被删除或被给予更高权重，因果关系被重新概念化，或者概念类别被重新定义。这些想法可能会同时产生，但当分析员逐一审查每个因素，且提出旨在鼓励和促进替代性解释的问题时，它们更有可能出现。

问题结构

任何可解构的事物都有一个结构，它将各部分相互联系起来。问题分析的第一步就是确定一个合适的分析框架，这样就可以识别问题的不同部分，并开始收集有关它们的信息。有许多不同类型的分析问题，相应地也有许多不同的方法来进行结构分析。

诸如富兰克林所说的清单就是最简单的结构之一。情报分析员可在清单中列出：相关变量，预警指标，替代解释，可能结果，外国领导人在做决策时需要考虑的因素，或支持和反对某解释或结果的论据。

还有其他工具可用于结构化问题，包括提纲、表格、图表、树状图和矩阵，每类工具下又有不同的子类。比如，树状图又分为决策树和故障树；图表则包括因果图、影响图、流程图和认知图。

本书并不会详细介绍所有这些工具，但会讨论到其中的几种。在第11章中，讨论相关性错觉的部分用到了 2×2 的列联表来对以下问题进行结构化：是否赌注越高，欺骗的可能性越大。在本书最精华的第8章中，则讨论了使用矩阵来排列各种支持和反对竞争性假设的证据，以解释现在正在发生的事情或预估未来可能发生的事情。

下面的讨论会用矩阵来说明解构和外化，旨在让你为下一章做好准备。这里将举例演示如何将这些工具应用于我们日常生活中的决策。

购车矩阵

在进行购买决策——如买车、买新电脑或买房子时，人们往往期望能买到在所有维度上都让自己最满意的东西。例如，他们希望自己买到的车价格最低、维护成本最低，但有最高的转售价值、最流畅的造型、最好的操控、最低的油耗、最大的后备箱空间等。这些要求天然是相互冲突的，所以不可能全部拥有，因此人们必须决定什么事最重要以做出取舍。正如本杰明·富兰克林所说，选择有时是困难的。我们在两个选择之间摇摆不定，是因为我们无法在工作记忆中同时处理所有选择的所有优劣势，我们只能一个一个处理。

为了有条理地解决这个问题，请遵循分而治之的原则并将问题的全貌"描绘"出来，以帮助你识别要素并做出权衡。购车问题的组成部分是你考虑中的待购买车辆和你想要最大化的属性或维度。在确定了将影响你决策的重要属性后，你就可以权衡每辆车在每个属性上的表现。矩阵是一个合适的工具，可用来记录你对每款车和每个属性的判断，然后将所有信息放在一起做出最终决定。

首先，列出你想要最大化的重要属性，如图 7-2 所示。

接下来，用百分比来给所有属性打分，以量化每个属性的相对重要性。换句话说，你要问问自己，价格、造型等在决策中所占的比例应该是多少。这会迫使你提出相关的问题并做出决定，而如果你没有按上述方式对购车问题进行分解，这些决定往往会被忽略。"价格与

价格
维修成本
造型
油耗
舒适性
操控性

图 7-2

造型，到底有多重要？""我更在意它从外面看起来的样子，还是更在意内部的舒适性和驾驶方式？""安全性是否应该放入我的重要属性列表？""高的油耗可以被较低的维修保养成本抵消，也许应该将两者合并为一个叫作驾驶成本的属性？"

完成这一步后，将会依据你的个人喜好，得到类似图 7-3 的结果。如果你是与配偶一起进行该评估，那么任何意见分歧的原因将立即变得明显，并且可以被量化。

价格	30%
驾驶成本	10%
造型	20%
舒适性	20%
操控性	15%
安全	5%
总分	100%

图 7-3

接下来，确定你正在考虑购买的车型，并判断每辆车在图 7-3 所示的 6 个属性上的排名。建立一个如图 7-4 所示的矩阵，逐行对每个属性进行比较：每个属性的总分为 10 分，根据三款车满足该属性要求的程度进行分数分配。（总分取 100 在不同车型间分配也可以，只是取 10 分可以在下一步让计算的数字更小。）

现在，你得到了一幅所分析问题的全图——你赋予新车每个重要属性的比较价值，以及不同车型在这些期望属性上的得分比较。如

果你将备选车型范围缩小到三个，那么你的矩阵将会看起来和图 7-4
一样。

	值	车型 1	车型 2	车型 3
价格	30%	3.5	3.0	3.5
驾驶成本	10%	3.5	2.0	4.5
造型	20%	2.5	4.5	3.0
舒适性	20%	4.0	2.5	3.5
操控性	15%	3.0	4.0	3.0
安全	5%	3.5	2.5	4

图 7-4

当矩阵中的所有单元格都被填满后，你就可以计算出哪款车最符合
你的喜好。将你分配给每个属性的百分比值乘以你为每款车型在该属性
上打的分数，结果如图 7-5 所示。如果你分配给每个属性的百分比值均准
确地反映了你的喜好，并且对每款备选车型的评估也是准确的，那么分
析结果表明，你购买 3 号车将获得最大的满意度。

这时候，你将进行敏感性分析，以确定矩阵中某些值的合理变化是
否会使决策偏向另一辆车。例如，假设你的配偶在价格与造型的相对重
要性打分上与你不同，你可以将这两个属性的百分比值换为配偶的打分，
看看这是否会对最终的决策产生影响。例如，可以将价格的重要性降低
到 20%，把造型的重要性提高到 30%。但这仍然不足以让你选择在造型
上排名最高的车型 2。

这类分析有一个专门的名称，叫作多属性效用分析（Multiattribute
Utility Analysis），通常通过复杂的计算机程序来完成。然而，在简化的形

式下，完成它只需要纸、笔和算术。这类分析结构适合于任何需要在多个相互竞争的偏好之间进行权衡的购买决策。

	值	车型 1%	车型 2%	车型 3%
价格	30%	105	90	105
驾驶成本	10%	35	20	45
造型	20%	50	90	60
舒适性	20%	80	50	70
操控性	15%	45	60	45
安全	5%	17.5	12.5	20
总分		332.5	322.5	345

图　7-5

结论

买车的例子是为接下来的章节做热身。它说明了仅仅坐下来想一个问题和真正分析一个问题之间的区别。分析的本质就是将问题分解为其组成部分，再分别评估每个部分，然后将各部分放在一起以做出最终决策。本章中的矩阵示例就展示了对复杂问题进行分析的"图景"：将脑海中的问题以一种逻辑的形式写在纸上，这样能让你单独思考问题的每一部分。

你当然不希望对所有的日常个人决策或每一个情报分析都进行上述分析。但是，当判断特别重要、难以被决定或有争议时，或者当你需要留下线索以显示你是如何得出结论时，你可能会希望进行这样的分析。下一章将把解构、外化和矩阵结构应用于一种常见的情报问题。

CHAPTER 8

第8章

竞争性假设分析

竞争性假设分析（有时缩写为 ACH），可帮助你对那些需要在多个解释或结论间仔细权衡的重要问题进行判断。它可以帮助分析员克服或至少减小某些认知上的限制，从而使有预见性的情报分析变得可能。

竞争性假设分析是构建在认知心理学、决策分析和科学方法论基础之上的八步程序。它是一个非常有效且经过验证的程序，可以帮助分析员避免常见的陷阱。由于竞争性假设分析的严谨性，它特别适用于有争议的问题，因为此时分析员希望留下分析线索以表明自己考虑了什么以及自己如何得出判断。⊖

○ ○ ○

在解决棘手情报问题的时候，分析员实际上是在几个备择假设中进行选择。在几种可能的解释中，哪一个是正确的？在多种可能的结果中，哪一种是最有可能的？如前所述，本书中"假设"一词的含义非常广泛，即指需要通过证据进行检验的潜在解释或结论。

竞争性假设分析要求分析员明确地找出所有合理的备选方案，并让它们相互竞争以得到最终认可的方案，而不是一次一个地评价方案的合理性。

⊖ 作者开发竞争性假设分析程序的目的，是帮助情报分析人员处理一系列特别困难的问题。

大多数分析员在分析问题时，通常是挑出他们直觉上认为最有可能的答案，然后从是否支持该答案的角度来审视已有的信息。如果证据似乎支持这个假设，分析员就会自吹自擂（"看吧，我一直都知道!"），然后不再继续了。如果证据不支持，他们要么认为证据是错误的，要么发展另一个假设再来一次。决策分析员将这称为"满足"策略（见第 4 章）。"满足"策略意味着选择第一个看起来令人满意的解决方案，而不是检验所有的可能性来挑出最好的解决方案。看似满意的解决方案可能有好几个，但是最佳解决方案是唯一的。

第 4 章讨论了这个策略的缺点。主要的问题在于，如果分析员的关注重点在试图证实自己认为是真的某个假设，他们就会看到有很多证据支持自己的观点，这很容易使他们误入歧途。他们未能认识到，这些证据中的大多数也与其他解释或结论相一致，而其他假设并未被驳斥。

同时评估多个相互竞争的假设是非常困难的。在工作记忆中保留 3 到 5 个甚至 7 个假说，并分析每项信息是否符合每个假设，这超出了大多数人的思维能力。与列出证据以支持某个被预判为最有可能的假设相比，该方法对思维敏捷性的要求要高得多，不过，它可以借助本章讨论的简单程序来完成。下面的方框内列出了竞争性假设分析的步骤纲要。

竞争性假设分析的分步概述

1. 确定要考虑的可能假设，让一组具有不同观点的分析员来进行头脑风暴。
2. 列出支持和反对每种假设的重要证据和论据。
3. 准备一个矩阵，顶部是假设，侧面是证据。分析证据和论据的"诊断性"——确定哪些证据最有助于判断假设的相对可能性。

4. 完善矩阵。重新分析假设，并删除没有诊断性的证据和论据。

5. 对每种假设的相对可能性做出初步结论——通过尝试证伪而非证实假设来进行。

6. 分析结论对一些关键证据的敏感程度。如果该证据是错误的、有误导性的或有不同解释的，请考虑相应的后果。

7. 报告结论。讨论所有假设的相对可能性，而不仅仅讨论最有可能的假设。

8. 确定未来观察中的标志性事件，这些标志性事件可能表明事件的发展方向与预期不同。

步骤 1

确定要考虑的可能假设，让一组具有不同观点的分析员来进行头脑风暴。

关于人们如何产生假设的心理学研究表明，人们实际上不擅长思考所有的可能性。[○]如果一个人没考虑到正确的假设，显然他将不会得到正确的答案。

明确区分假设的生成阶段和假设的分析评估阶段是有益的。建议的分析过程的第一步是找到所有值得详细审查的假设。在这一早期的假设产生的阶段，将一群具有不同背景和观点的分析员聚集在一起是非常有用的。头脑风暴能激发想象力，可能会带来单个成员想不到的可能性。

○ Charles Gettys et al., *Hypothesis Generation: A Final Report on Three Years of Research*, Technical Report 15-10-80 (University of Oklahoma, Decision Processes Laboratory, 1980).

在判断可能性或可行性之前，小组的初步讨论应该引出所有的假设，而不管这种假设看起来有多不可能。只有当所有假设都被摆出来之后，你才应着手判断，并选择在随后分析中要更详细研究的假设。

当过滤掉那些不值得浪费更多时间、看似不可能的假设时，有必要将那些看起来已被证伪的假设和那些根本未经证实的假设区分开来。未经证实的假设是指没有证据表明它是正确的；已被证伪的假设是指有明确的证据表明它是错误的。正如第 4 章和本章后面的步骤 5 中所讨论的那样，你应该寻找能够推翻假设的证据。过早地拒绝未经证实但也未被证伪的假设，会让随后的分析产生偏差，因为一旦拒绝，人们将不会去寻找可能支持这些假设的证据。未经证实的假设应该予以保留，直到它被证伪为止。

这种未经证实但亦未被证伪假设的一个常见例子，就是"对手试图欺骗我们"。你可能会因为没有看到证据而拒绝对手欺骗的可能性，但在这种情况下，拒绝是没有道理的。如果欺骗计划周密且实施得当，就不应当指望能立即找到证据。在没有被证伪之前，或者至少在系统地找寻后仍没找到证据之前，这种可能性不应被拒绝。

待考虑的假设数量没有标准答案。数量的多少取决于分析问题的性质以及你分析问题的水平。通常来说，不确定性越大，或者结论对政策的影响越大，你可能希望考虑的替代方案就越多。当假设数量超过 7 个后，分析将变得难以处理；如果确实需要这么多备选方案，建议你将其中几个合并成一组，以进行初选。

步骤 2

列出支持和反对每种假设的重要证据和论据。

在汇总相关证据和论据的清单时，证据和论据的指代对象是非常广泛的，包括会影响你对假设判断的所有因素，而非仅仅是当前情报报告中的具体证据。你自己对另一个人、团体或国家的意图、目的或标准程序的设想或逻辑推论也应包括在清单中。这些设想可能会让你先入为主地认为某个假设最有可能，因此往往会影响你的最终判断，将它们纳入"证据"清单中是很重要的。

先列出适用于所有假设的一般证据，然后单独分析每个假设，列出倾向于支持或反驳这个假设的证据。你通常会发现，不同的假设会导致你提出不同的问题，从而进一步寻找不同的证据。

对于每个假设，问自己一个问题：如果这个假设是正确的，我应该期望看到或看不到什么？哪些事情一定发生过或者可能仍在发生，我应该期望看到的证据是什么？如果你没有看到相应的证据，这是为什么？是因为它其实并没有发生过，它难以被观察到，它被隐藏得很好，还是你或情报收集人员并没有找寻到它？

既要注意证据的存在也要留意它的缺失。比如，在评估敌方进行军事攻击的可能性时，敌方尚未采取的攻击准备可能比已采取的、能观察到的措施更为重要。这让人想起福尔摩斯的某次破案，其中最重要的线索是狗在夜里没有吠叫。人们的注意力倾向于集中在已有的内容上，而不在未报告的内容上。这就要求我们有意识地去思考，如果某个假设是正确的，那么哪些东西是应该存在却缺失了。

步骤 3

准备一个矩阵，顶部是假设，侧面是证据。分析证据和论据的"诊断性"——确定哪些证据最有助于判断假设的相对可能性。

步骤 3 可能是竞争性假设分析中最关键的一步，它是与自然的、直观的分析方法差别最大的一步，因此，也是你最容易忽视或误解的一步。

步骤 3 中所做的是将之前步骤中的信息以矩阵形式排列：步骤 1 中的假设横在顶部，步骤 2 中的证据和论据放在侧面。这样可以对与分析问题相关的所有要素进行概述。

然后对每个证据与每个假设间的关系进行分析。这不同于普通的分析程序，后者是一次仅评估证据对某一个假设的支持程度，在随后的步骤 5 中我们将按此程序评估。但此时在步骤 3 中，每次取出一项证据，然后评估该证据与每个假设的一致性。记住，步骤 3 和 5 的区别是：在步骤 3 中，你**逐行**检查矩阵中的每一项证据，以评估该证据是否符合每个假设；在步骤 5 中，你**逐列**检查矩阵中的每一个假设，以评估该假设是否与每项证据相符。

在填充矩阵时，取出第一行的证据，并评估它与每个假设是一致、不一致还是不相关，然后在矩阵中每个假设对应的单元格中做标记。标记的形式取决于你的个人喜好：可以是加号、减号和问号，也可以用 C、I 和 N/A 来分别表示一致、不一致和无关，也可以是一些文字符号。不管怎样，它都是一种简化的表达，用于你在对证据与每个假设之间关系进行复杂推理时做速记。

完成对第一项证据的评估后，请继续对下一项证据重复此操作，直到矩阵中所有的单元格都被填满。图 8-1 是一个评估矩阵的示例，它评估的是 1993 年美国轰炸伊拉克情报总部后所出现的情报问题：伊拉克是否会进行报复？矩阵中的证据项以及它们与假设的关系都是虚构的，仅作示意展示。该矩阵并不反映美国情报界当时可获得的实际证据及判断。

矩阵的形式能帮助你权衡每一项证据的"诊断性"，这是竞争性假设分析和传统分析的关键区别。证据的"诊断性"是一个很重要的概念，但可惜的是，许多分析员对此并不熟悉。我们在第 4 章中介绍过这一概念，为方便起见，我们在这里再讨论一下。

问题：伊拉克是否会对美国炸毁其情报总部进行报复？

假设：
H1：伊拉克不会报复
H2：伊拉克会资助一些小范围的恐怖行动
H3：伊拉克在筹备一次重大恐怖袭击，目标可能是一处或多处中情局设施

	H1	H2	H3
E1. 萨达姆对无报复意图的公共声明	+	+	+
E2.1991 年海湾战争期间没有发生恐怖袭击	+	+	−
E3. 假设伊拉克不愿意激发美国的进一步攻击	+	+	−
E4. 监控到伊拉克间谍无线电广播活动在频率和长度上的增加	−	+	+
E5. 伊拉克使馆增强了安保防护	−	+	+
E6. 假设不报复带来的颜面损失对萨达姆来说是不能接受的	− −	+	+

图 8-1

可以通过一个医学类比来说明诊断性这一概念。高体温能让医生知道某个人生病了，但它却很难让医生确定这个人患的是哪种疾病。由于许多可能的疾病都会让人出现高体温，因此这一证据在确定哪种疾病（假设）更有可能方面的诊断价值有限。

当证据能影响你对步骤 1 中所列的假设的相对可能性的判断时，它就具有诊断性。如果某项证据似乎与所有假设相符，那么它就没有诊断性。常见的经验是，经过矩阵分析后，你会发现支持你认为最有可能的假设的大多数证据，其实并不是很有帮助，因为它们也与其他假设相符。你的判断应该建立在诊断性高的证据之上，但在识别这类证据时，你应

该重新检查某些证据的准确性并考虑其他的解释，这将在步骤 6 中详细讨论。

在前面评估伊拉克意图的虚构矩阵中，请注意，标为"E1"的证据被评估为与所有假设一致；换句话说，它没有诊断性。这是因为我们完全不相信萨达姆在这个问题上的公开声明：他可能会说他不会报复，然后却进行报复；或者说他会报复，然后再不这样做。与此相对，E4 具有诊断性：如果伊拉克要报复，那么相比于无报复计划，我们将更有可能观察到伊拉克特工使用的无线电的频率或时长的增加。E6 的双减号表明它是反对 H1 的一个非常有力的论据，这是使结论倾向于 H2 或 H3 的一个关键假设。之后的分析将质疑该矩阵里的若干判断。

在某些情况下，使用数字概率（而不是诸如"＋"或"－"之类的通用符号）来描述证据与每个假设间的关系，以完善步骤 3 的评估是有用的。要做到这一点，请对矩阵中的每个单元格提出以下问题：如果这个假设为真，那么该证据项有多大概率会发生？你也可以在矩阵的每个单元格中做一个或多个附加标记，例如：

- 增加一个参数来表示每项证据本来的重要性；

- 增加一个参数来显示证据被隐藏、操纵或伪造的难易程度，或者显示某一方在多大程度上有动机这样做。当欺骗的可能性很高时，这是适当的做法。

步骤 4

完善矩阵。重新分析假设，并删除没有诊断性的证据和论据。

描述假设的具体措辞显然对分析的结论至关重要。在这一步里，你将需要用证据去完善假设，对假设进行重新考虑和重新措辞。为了考虑所有重要的备选方案，是否需要添加一些假设，或者在假设间进行更细微的区分？如果没有或者仅有很少的证据可以区分两个假设，是否应该将它们合并为一个假设？

同样地，也要重新考虑证据。你是否在思考哪些假设最可能和最不可能受到不在证据清单中的那些证据的影响？如果是，就将这些证据放入清单。从矩阵中删除现在看来不重要或没有诊断性的证据。将所有这些删掉的项目保存在单独的列表中，作为曾经考虑过的信息的记录。

步骤5

对每种假设的相对可能性做出初步结论——通过尝试证伪而非证实假设来进行。

在步骤3中，你逐行检查矩阵，关注单一证据或论据，并研究它与每个假设的关系。现在，请逐列检查矩阵，将每个假设作为一个整体来看待。矩阵格式将支持和反对所有假设的所有证据都放到了一起，这样你就可以同时研究所有假设，并使它们相互竞争以争取你的青睐。

在评估备择假设的相对可能性时，首先要找寻能够让你拒绝假设，或者至少判定假设不太可能的证据或逻辑推理。科学方法论的一个基本原则是暂时接受那些不能被反驳的假设，同时拒绝或排除已被证伪的假设，科学方法显然不能全部应用于直观判断，但寻求否定假设而不是证实假设的原则是有用的。

无论有多少信息与某个给定的假设相符，都无法证明该假设是正确的，因为相同的信息也可能与一个或多个其他假设相符。另一方面，一个与假设不符的证据可能就足够拒绝该假设。这一点我们在第4章中详细讨论过。

人们有一种天然的倾向，即更愿意专注于确认自己认为是真的假设，并且他们通常会更重视能证实假设的信息而非能削弱假设的信息。这样做是错误的，我们应该反其道而行之。步骤 5 就需要我们做与天然倾向相反的事。

在检查矩阵时，请查看减号或任何其他你用来表示证据与假设可能不一致的符号。减号最少的假设极有可能是最有可能的假设，减号最多的假设极有可能是最不可能的假设。某个假设与证据不符的事实，显然是拒绝该假设的有力依据。不过，表示证据与假设相符的加号的重要性就低得多了，"有最多加号的假设是最有可能的假设"这样的推论并不成立，因为很容易就能找到与任何合理假设相符的一长串证据。与某个合理假设不一致的证据才是最难找的，一旦找到将是最重要的确凿证据。

然而，这种按减号数量的排序只是一个粗略的排名，因为有些证据显然比其他证据更重要，并且不一致的程度无法完全用加号和减号这样的简单符号来表达。通过重新评估证据与假设之间关系的确切性质，你将能判断要给某个证据多少权重。

遵循这一分析程序的分析员往往会意识到，他们的判断实际上仅基于极少的几个因素，而并非像他们认为的那样受到大量信息的影响。第 5 章基于实验证据提出了同样的观点。

矩阵不会告诉你最后的结论。相反地，它只是准确地反映出你对重要因素的判断，以及这些重要因素与每个假设发生概率间的关系。你必须自己决定，而不是让矩阵决定。矩阵只是思考和分析的辅助工具，以确保证据和假设间所有可能的相互关系都被考虑到，以及保证识别出那些能真正左右你对问题判断的少数证据。

当矩阵显示某项假设是可能或不可能时，你可能有不同意见。如果是这样，是因为你在矩阵中遗漏了一个或多个对你的判断有重要影响的因素。退回之前的步骤将这些因素放进去，这样的分析工作才能反映出你的最佳判断。如果按照上述程序分析让你考虑到了一些你可能会忽略的东西，或者修正了你之前对假设的相对概率的估计，那么这一过程就是有用的。当你完成后，矩阵既是你思考结论的速记，之后也能通过它来追踪你是如何得出结论的。

这一程序迫使你花更多时间去分析那些你认为不太可能的假设，这是值得做的。看似不太可能的假设往往涉及新的领域，因此需要更多的努力；而一开始你认为最有可能的假设通常是你过去的思考的延伸。竞争性假设分析的一个主要优点是，它迫使你对所有备选方案给予公平的评估。

步骤 6

分析结论对一些关键证据的敏感程度。如果该证据是错误的、有误导性的或有不同解释的，请考虑相应的后果。

在步骤 3 中你确定了最具诊断性的证据和论据，在步骤 5 中，你利用上述发现对假设做出了初步判断。现在，请回过头来质疑少数几个能真正左右分析结论的关键设想或证据。你的理解和解释中是否有可疑的设想？是否有其他的解释或理解？证据是否会不完整以致产生误导？

如果担心敌方的否认和欺骗，那么在这一步骤里考虑这种可能性是合适的。检查你关键证据的来源。这些来源是否被国外当局所知？信息是否会被操纵？设身处地地站在国外骗局策划者的立场上，从他们的角度去评估骗局的动机、机会、手段、成本和收益。

分析出错通常是因为关键证据是无效的，却没有受到质疑。分析员应该识别并质疑证据，这是大家都知道的，但知易行难，难点在于确定哪些假设值得被质疑。竞争性假设分析程序的优点之一就是告诉你哪些内容需要重新检查。

在步骤 6 中，为了检查关键证据，你可能需要进行额外的研究。例如，需要回过头去检查原始资料而不是依赖别人的解释。在撰写报告时，你需要明确解释中包含的关键证据，并指出你的结论与这些证据的有效性息息相关。

步骤 7

报告结论。讨论所有假设的相对可能性，而不仅仅讨论最有可能的假设。

如果你的报告会被用作决策依据，那么让决策者了解所有可能情况的相对可能性是有用的。分析判断从来不是确定无疑的，任何结论都有出错的可能。决策者需要基于对全部可能情况的掌握来做决策，而不是仅依赖单个最有可能发生的情况，这样才能制订应急或后备计划，以防万一某个可能性较小的情况发生了。

如果你说某个假设可能为真，那就意味着在未来它将有 55% 到 85% 不等的可能性被证实。而这也意味着，基于你的判断所做出的决定是建立在可能出错的假设之上，最后出错的可能性在 15% 到 45% 之间。你能更具体地说明你对自己的判断有多大信心吗？第 12 章讨论了这种基于"主观概率"的判断与基于"统计概率"的判断间的区别。

当你认识到通过排除而非确认假设来得出结论的重要性时，就会很容易发现，如果某篇报告只论证了一个观点，而没有讨论其他观点以及它们被拒绝的原因，那么这篇报告是不完整的。而在过去，很少的报告是完整的。

　　情报分析中常见的叙事论文，并不适合对相互竞争的假设进行比较评估。讨论替代方案会增加报告的篇幅，并且许多分析员认为这会削弱所选定观点的说服力。分析员担心，报告阅读者可能会认为某个已被拒绝的替代方案是个好方案。尽管如此，对替代性假设的讨论是任何情报评估的重要部分，我们可以而且应该找到方法将其包括在报告内。

步骤 8

**　　确定未来观察中的标志性事件，这些标志性事件可能表明事件的发展方向与预期不同。**

　　分析的结论应始终被看作是临时的。在你收到会影响评估的新信息后，结论可能会发生变化，也可能仍然保持不变。但是，事先明确应该寻找或警惕的事情总是有帮助的，因为如果这些事情发生了，将意味着概率的重大变化。这对于持续关注局势的情报消费者来说很有用。事先列出能使想法改变的事件的好处还在于，这会让你在这些事件发生时更难以找到借口来避免改变，从而能更好地调整自己的判断。

总结与结论

　　竞争性假设分析和传统的直觉分析的主要区别，体现在以下三方面：

- 直觉分析仅考虑寻求证据去证实最有可能的情况；竞争性假设分析则会考虑全部的可能性，这确保所有的假设都得到平等和公正的对待。

- 竞争性假设分析需要分析员识别并强调那些在判断备选方案相对可能性时具有最大诊断性的证据或设想。在传统的直觉分析中，关键证据可能也与其他假设相符这一事实很少被明确地考虑，并且往往被忽略。

- 竞争性假设分析需要寻求证据来反驳假设。可能性最大的假设通常是被最少证据反对的，而不是被最多证据支持的。传统分析通常则是寻找证据来证实某个被看好的假设。

如果用竞争性假设对 1998 年印度核武器试验进行分析，该分析程序的有效性将非常明显。据耶利米海军上将称，情报机构曾报告说："没有迹象表明印度人将在近期进行试验。"[○]但事实上，机构的这一结论犯了不区分未经证实的假设和已被证伪的假设这一错误。缺少证据并不能反驳印度将会进行核武器试验这一假设。

如果上述分析过程采用了竞争性假设分析，那么必然会得出一个假设，即印度计划在近期进行试验，但为了避免来自国际社会的叫停压力，印度隐瞒了试验的准备工作。

对这一备择假设的仔细评估需要考虑到印度隐瞒真实意图（好让美国和其他国家难以及时介入）的动机、机会和手段。也需要评估如果印度确实对核试验进行了隐瞒，美国情报部门是否有能力对其进行调查。这些工作将极大地提升情报机构对印度隐瞒行为的觉察。

最关键的教训在于，当情报分析员想要写出"没有证据表明……"这句话时，他应该扪心自问：如果这个假设为真，我真能期望看到能证实它的证据吗？换句话说，如果印度在计划进行核试验的同时故意隐瞒其意图，那么分析员真能期望看到试验计划的相关证据吗？竞争性假设

○　耶利米上将新闻发布会的讲话稿，第三段最后一句，1998 年 6 月 2 日。

分析程序让分析员识别并面对这类问题。

一旦你熟练运用了竞争性假设分析，就有可能将该程序中的基本概念融会贯通到你日常的分析思维过程中。除非是处理极具争议的问题，否则按部就班地遵循全部八个步骤是不必要的。

竞争性假设分析或其他任何分析程序都不能保证你会得到正确答案，因为归根结底，最终结论的得出仍然依赖于易出错的、对不完整和模棱两可信息的直觉判断。**然而，竞争性假设分析确实可以保证分析过程的合理性。该程序将引导你完成理性的、系统的分析，让你能避开一些常见的分析陷阱。它增加了得到正确答案的概率，并能记录你在分析中用到了哪些证据以及这些证据是如何被解释的。如果其他人不同意你的判断，可以用矩阵来锁定具体的分歧所在，这样随后的讨论可以更有效地聚焦在分歧点上。**

通常的经验是，与使用传统分析方法相比，分析员使用竞争性假设分析时会赋予备择假设更大的可能性：此时，分析员对自己以为知道的东西变得不那么自信了，因为在将更多的注意力集中在替代性解释上时，该程序会让分析员发现那些可能性很大但缺乏数据的解释中，暗含着大量的不确定性。尽管这种不确定性令人沮丧，但它可能更准确地反映了真实情况。正如伏尔泰所说："怀疑不是一种令人愉快的状态，但确定是一种可笑的状态。"⊖

竞争性假设分析程序的另一个优点是，能帮助分析员将注意力集中在少数几个关键证据上，这些证据要么造成了不确定性，要么一旦获得就可以减轻不确定性。这可以为之后的收集、研究和分析指明方向，以解决不确定性并做出更准确的判断。

⊖　M. Rogers, ed., *Contradictory Quotations* (England: Longman Group, Ltd., 1983).

Psychology
—— of ——
Intelligence
Analysis

第三部分

认知偏差

CHAPTER 9

第9章

什么是认知偏差

本章简要地讨论了一般认知偏差的性质。之后的四章将对证据评估、因果感知、概率估计和情报评估中特定的认知偏差进行描述。

○　○　○

我们在第2章和第3章中讨论了人类思维过程的基本局限。认知心理学和决策制定相关的大量研究都是基于这样一个前提，即这些认知局限使人们采用了各种简化策略和经验法则来减轻做判断和决定时的信息处理负荷。[⊖]这些简化的经验常常能帮助我们应对复杂和模棱两可的问题，但在许多情况下，它们会不可避免地导致错误的判断，即认知偏差。

认知偏差是由简化的信息处理策略导致的思维错误。这里有必要将认知偏差与各种形式的偏见进行区分，比如文化偏见、组织偏见，或因个人利益而产生的偏见。换句话说，认知偏差并非因为对某个判断有情感或理智上的偏袒，而是来源于加工信息的潜意识过程。认知偏差是一

⊖　Much of this research was stimulated by the seminal work of Amos Tversky and Daniel Kahneman, "Judgment under Uncertainty: Heuristics and Biases," *Science*, 27 September 1974, Vol. 185, pp. 1124-1131. It has been summarized by Robin Hogarth, *Judgement and Choice* (New York: John Wiley & Sons, 1980), Richard Nisbett and Lee Ross, *Human Inference: Strategies and Shortcomings of Human Judgment* (Englewood Cliffs, NJ: Prentice-Hall, 1980), and Robyn Dawes, *Rational Choice in an Uncertain World* (New York: Harcourt Brace Jovanovich College Publishers, 1988). The Hogarth book contains an excellent bibliography of research in this field, organized by subject.。

贯的、可预测的思维错误。比如：

> 物体的视觉距离在一定程度上取决于其清晰度：看到的物体越清晰，它看起来就越近。这一规则具有一定的有效性，因为在任何给定的场景中，较远物体看起来的清晰度都比较近物体的更差。但是，依赖该规则进行距离判断会导致系统误差。具体来说，当能见度差时，由于物体的轮廓模糊，距离往往会被高估；当能见度好时，由于物体的轮廓清晰，距离又常常被低估。因此，依赖清晰度来判断距离通常会导致偏差。[○]

这个判断距离的经验法则非常有用。它在大多数情况下是有效的，可以帮助我们处理生活中的模糊性和复杂性。然而，在某些可预见的情况下，它将导致判断的偏差。

认知偏差与视觉错觉相似，即就算人们完全意识到了造成偏差的原因，它仍然不可抗拒。意识到偏差这件事，并不能让认知更准确。因此，认知偏差是非常难以克服的。

心理学家进行了许多实验，旨在识别人们用来对不完整或模糊信息进行判断的简化经验法则，并且揭示（至少在实验室环境下）这些经验法则如何导致判断和决策的偏差。接下来的四章讨论了与情报分析息息相关的认知偏差，因为它们会影响对证据的评估、对因果关系的感知、对概率的估计以及对情报报告的回溯评估。

在讨论具体的认知偏差前，需要考虑相关实验证据的性质，以及这些实验所揭示的偏差在多大程度上适用于情报界。

当心理学实验揭示了某种认知偏差的存在时，这并不意味着每个人的每个判断都会受到该认知偏差的影响，而是表明，在任一群体中，该

○　Amos Tversky 和 Daniel Kahneman，同上页。

群体中大多数人的大多数判断都会或多或少地存在偏差。基于这类实验证据，人们只能对群体的倾向做概括，而不能推断任何具体个体将如何决策。

我相信，基于实验室研究得出的结论，在情报分析人员身上也同样适用。在大多数的实验中，被试都是各自领域的专家，他们是医生、证券市场分析员、赛马分析员、国际象棋大师、研究主管和专业心理学家，而非许多其他心理学实验中的大学生。在大多数的实验中，心理任务也是现实的，也就是说，这些任务与各领域专家们日常工作需要做出的判断很相似。

尽管实验室的结论应用到现实世界总会有一定的误差，但很多接触到认知偏差相关概念的中情局分析员仍认为它们与自己所在领域是相关的，并且觉得具有启发性。我在海军研究生院国家安全事务系的军官身上复制了一些简单的实验。

CHAPTER 10

第10章

证据评估中的偏差

证据评估是分析中至关重要的一步，但人们依赖哪些证据，以及他们如何解释证据，则受到各种外在因素的影响。细节生动具体的信息往往会产生不应有的影响，而人们通常会忽略那些可能具有更大证据价值的抽象或统计信息。我们很少考虑缺失的证据。我们对证据的一致性过于敏感，但对证据的可靠性不够敏感。最后，一旦印象产生就很难被消除，即使该印象产生所依赖的证据已经被完全否定。⊖

○ ○ ○

情报分析员所处的信息环境有些特殊。信息的来源格外多：报纸和电报、美国大使馆官员的观察、受控特工和临时线人的报告、与外国政府的信息交换、照片侦察和通信情报。每种情报源都有其独特的优势、弱点、潜在或已有的偏差，以及易受操控和欺骗的可能性。对这样的信息环境来说，最突出的特点是其多样性：多种信息源，每种的可靠性不尽相同，并且通常一种信息源所报告的信息是不完整的，有时甚至与其他信息源的信息不一致甚至冲突。在情报分析中，信息相互矛盾且可靠性不确定是很常见的问题，而另一个常见问题是分析员需要在得到全部证据之前，就对当前事件做出快速判断。

情报分析员对信息流入的控制是非常有限的。规定消息源的报告主

⊖ 本章的较早版本于1981年夏季在《情报研究》中作为非保密的文章发表，所用标题相同。

题通常耗时耗力：在某些重要主题上，证据很分散或者根本不存在。多数来自人力信息源的信息充其量只是二手资料。

在这样的情况下，要识别和避免认知偏差变得尤为困难。本章所讨论的大多数偏差相互之间并无关联，放在一起讨论只是因为它们都与证据评估有关。

生动度

信息对人类思维的影响力，与其作为证据的实际价值并不完全相关。⊖具体而言，生动、具象、个人化的信息比苍白、抽象的信息更有影响力，即使后者作为证据的价值可能更大。例如：

- 尽管二手信息的证据价值也许更大，但人们可能对自己直接听到或看到的信息印象更深；

- 历史个案和逸事比信息丰富但抽象的汇总或统计数据更有影响力。

相比从书中了解到的信息，人们的亲身经历更容易被记住。具体的词语比抽象的词语更容易记忆，⊜而文字又比数字更易被记住。简而言之，具有上述特征的信息更容易吸引人的注意力，它们比抽象的推理或统计摘要更易存储和记忆，因此可以预期，它们将对思维产生更大的直接影响和持续影响。

情报分析员一般是利用第二手资料进行工作的，他们接收到的信息来自他人的书面描述，而不是通过分析员自己的眼睛和耳朵直接感知的。

⊖　本节中的大多数思想和例子均来自 Richard Nisbett and Lee Ross, *Human Inference: Strategies and Shortcomings of Social Judgment* (Englewood Cliffs, NJ: Prentice-Hall, 1980), Chapter 3。

⊜　A. Paivio, *Imagery and Verbal Processes* (New York: Holt, Rinehart & Winston, 1971).

受到中情局雇员身份的限制，许多情报分析员，与学术界和其他政府界的同行相比，在他们所研究的国家待的时间较少，并且与该国国民的接触也较少。情报分析员偶尔访问其正在分析的国家，或偶尔与分析对象国国民进行直接交谈，都是令情报分析员难忘的经历。这种经历往往是新见解的来源，但也可能具有欺骗性。

在权衡证据时，具体的、来自感官的数据确实应该被优先考虑，这一点是业界共识。因此在大多数情况下，当抽象的理论或者二手报告与个人观察相矛盾时，人们往往以后者为准。有许多流行的谚语建议不要轻易信任二手数据，"不要相信你读到的所有内容""你可以用统计数据证明任何事情""眼见为实""我就来自密苏里州……"

奇怪的是，却没有类似的谚语来警告我们不要被自己的观察所误导。眼见不一定总是为实。

来自情报分析员和特工的个人观察，与二手资料一样具有欺骗性。大多数到国外旅行的人，熟悉的只是一小撮人，这些人只代表了整个社会很小的一部分，因此通常也只能得到不完整甚至扭曲的认知。

这类错误的一种常见表现是：人们认为单一的、生动的案例要比大量的、通过抽象推理所得到的统计证据和结论更为重要。一个潜在的汽车购买者无意中听到一个陌生人抱怨他的沃尔沃汽车如何变成了一个废物，这件事对该潜在购买者想法的影响，可能与《消费者报告》中外国汽车平均年维修费用的统计数据的影响一样大。如果这一抱怨来自潜在买家的熟人，那么它可能会更受重视。然而，从逻辑地位来说，这一新信息不过是在《消费者报告》统计数据所依据的样本中，增加了一个新的样本；单个沃尔沃车主的个人经历并不会改变整体的统计趋势。

尼斯贝特（Nisbett）和罗斯（Ross）将其称为"某个人"综合征，并提供了以下举例：[○]

○　Nisbett 和 Ross，第 56 页。

- "但我认识一个每天抽三包烟的人，他活到了九十九岁。"

- "我从来没有去过土耳其，但就在上个月，我遇到某个去过的人，他发现……"

毋庸置疑，"某个人"这样的证据的实际价值没有引用该例子的人所期望的，或者听者感受到的那样高。

将信息的生动性作为标准来决定证据影响力的最严重的后果是，某些价值非常高的证据仅仅是因为它们较抽象，其影响力就很小。统计数据的价值就往往被忽视或轻视，因为它们尤其缺乏丰富而具体的、生动形象的细节。

例如，卫生局的报告表明吸烟将导致癌症患病率升高，按理说，这一结论应该引起人均香烟消费量的下降。但20多年来，香烟的人均消费量并没有下降。医生们的应对特别有参考价值：所有医生都知道这个统计证据，并且相比于一般人，他们更容易接触并了解因吸烟而造成的健康问题。但事实上，他们对这一证据的反应与他们的医学专业紧密相关。在卫生局的报告发表20年后，每天进行肺部 X 光检查的放射科医生的吸烟率最低；诊断和治疗肺癌患者的医生，吸烟可能性也相当小；许多其他类型的医生继续吸烟。可见，医生继续吸烟的概率，与医生的专业与肺部疾病的关系直接相关。换句话说，即使是有资历能充分理解和解读统计数据的医生，也更多地受到他们生动的个人经历而不是有效的统计数据的影响。[⊖]

个人逸事、人们真实地对信息源的激烈反应或无动于衷，以及受控实验，都可以被反复地引用，以说明这样一个命题："尽管数据摘要在逻

　⊖　同上页。

辑上令人信服，但其影响不如逻辑价值较差但更生动的证据。"⊖因此，情报分析员也很有可能对统计信息不够重视。

　　除非逸事或个人案例被证明非常典型，否则分析员不应该对它们太过重视；又或者如果能获得基于更有效样本的汇总数据，那么分析员就应该完全放弃基于逸事或个人案例的证据。

缺乏证据

　　情报分析工作的一个主要特点是，通常面临关键信息的缺失。待分析的问题是基于问题的重要性和客户的需求来进行选择的，而很少考虑信息的可获得性。分析员必须尽其所能，并将缺少许多相关信息这一事实考虑在内。

　　理想的情况是，情报分析员应该能够认识到自己缺少哪些相关证据，并将其纳入考虑；他们还应该能估计出缺失证据的潜在影响，并据此调整对最终结论的可信度的预期。但不幸的是，这种理想状态似乎并不是常态，实验表明，"眼不见，心不烦"是对缺失证据影响的更好描述。

　　这一问题已经通过故障树得到了证明。故障树是一种示意图，用以表示可能会出错的所有情况，通常被用于研究核反应堆或太空舱等复杂系统的易错性。

　　实验主试向几组有经验的机械师展示了一棵故障树，它显示了汽车可能无法启动的所有原因⊜，包括了七个主要分支——电池电量不足、启动系统故障、点火系统故障、燃油系统故障、其他发动机问题、恶意破

⊖　Nisbett 和 Ross，第 57 页。

⊜　Baruch Fischhoff, Paul Slovic, and Sarah Lichtenstein, *Fault Trees: Sensitivity of Estimated Failure Probabilities to Problem Representation*, Technical Report PTR- 1 042- 77-8 (Eugene,OR: Decision Research, 1977).

坏行为，以及其他问题，每个分支下又有若干子类。一组机械师被展示了完整的故障树，并被要求想象 100 种汽车无法启动的情况；之后，该组机械师被要求针对每个分支进行估计，看这 100 种情况中有多少是由某个分支造成的。第二组机械师被展示了故障树的不完整版本：为了测试被试对遗漏的内容有多敏感，三个主要分支被省略了。

如果机械师的决策对缺失信息非常敏感，那么正常情况下因被遗漏分支中的原因而导致了故障的案例，应该被计入"其他问题"类别中。但事实上，应该计入"其他问题"这一类别的案例，只有一半被正确放入了。这表明，看到不完整故障树的机械师，并不能完全意识到某些汽车不能启动的原因被故障树遗漏了，也就并不能将这些原因纳入自己的判断。当对非机械师进行相同的实验时，缺失分支造成的影响要大得多。

与大多数情报分析问题相比，"汽车无法启动"这一实验所涉及的是基于结构化信息的简单分析判断，也就是说，被选为被试的有经验的机械师可以而且应该认识到，故障树中原因的展示是不完整的。情报分析员也经常面临类似的数据缺失的问题，但与问题更具体的"汽车无法启动"实验相比，认识到重要信息的缺失并将这一事实纳入情报问题的判断中可能更加困难。

为解决这一问题，分析员应该明确识别与缺失信息相关的变量，根据这些变量的状态来考虑替代假设，之后据此调整自己的判断，尤其是要调整自己对判断的信心。分析员也应该考虑信息的缺失是不是正常的，或者信息缺失这一事实本身是否提示了异常情况的发生或停滞。

对一致性过度敏感

证据间的内部一致性能帮助我们建立对基于该证据进行的判断的信

心。[一]从某种意义上说，一致性显然是评价证据的合适准则。人们构想出备选的解释或评估，并选择包含最大数量的、逻辑一致的证据。然而，在某些情况下，证据间的一致性可能具有欺骗性。它们之所以一致，可能只是因为证据间具有高度相关性，彼此重复，此时，多个相关的证据并不比单个证据包含了更多的有用信息；又或者，证据之所以一致，是因为它们来自很小的或者有偏的样本。

在情报分析中，当分析人员掌握的信息很少时，比如要判断俄罗斯军官或某些非洲族裔群体的政治态度时，最容易犯上述错误。如果可获得的证据是一致的，分析员往往会忽略这样一个事实，即这些证据仅是从庞大多样的群体中抽取的一个很小的样本，代表性不强因而可靠度不高。证据的一致性并不是必要的，因为无论手中的证据有怎样的瑕疵，都需要将其物尽其用；相反地，一致性高反而会造成信息有效的错觉。

过分依赖小样本的倾向被称为"小数定律"[二]，这是效仿大数定律而命名的。大数定律是一个基本的统计学原理，它认为非常大的样本将对总体有高度的代表性，这是民意调查的基本原则，但是大多数人并不擅长直观地理解统计学。人们对于一个样本需要多大才能从中得出有效结论，并没有直观的感受。所谓的小数定律是指，在直觉上，我们会错误地把小样本当成是大样本。

事实证明，即使是受过全面统计学训练的数学心理学家也会犯这样的错误。设计实验的心理学家并没有正确认识到小样本数据固有的误差和不可靠程度，对早期较少实验数据所表现出来的趋势抱有无来由的信心，对能够在另一组被试身上重复实验并得到相同的实验结果有不合理的高预期。

[一]　Amos Tversky and Daniel Kahneman, "Judgment under Uncertainty: Heuristics and Biases," *Science*, Vol. 185 (27 September 1974), 1126.

[二]　Tversky and Kahneman (1974), p. 1125-1126.

情报分析员是否也对基于很少数据而得出的结论过分自信，尤其是当这些数据看起来一致时？在处理少量但一致的证据时，分析员需要考虑这些证据在多大程度上能够代表潜在的全部可用信息。如果能获得更多信息，那么这些信息与已有证据一致的可能性有多大？如果分析员只能获得少量的证据，并且无法确认证据的代表性，那么无论信息是否一致，基于这些证据所得出的结论的可信度都应该很低。

应对不确定性的证据

信息往往不完全准确的原因有很多：误解、错觉，或者只掌握了部分信息；对最终消息来源的偏见；消息从源头、办案人员、报告人员到分析员的传递过程中的失真；分析员没有正确地理解信息。此外，分析员在工作时所依赖的许多证据都是从记忆中的检索出来的，但他们往往连记忆中的信息的来源都记不清，更不要期望他们能记住刚收到这些信息时对其准确性的评估了。

人的大脑难以应付复杂的概率关系，所以人们往往采用简单的经验法则，以减轻处理此类信息时的负担。在处理准确性或可靠性不确定的信息时，分析员倾向于做出简单的"是或否"的决定：如果他们拒绝某个证据，则倾向于完全拒绝它，在后续的分析中将不再考虑它；如果他们接受某个证据，则倾向于完全接受它，完全忽略准确或可靠的概率特点。这就是所谓的"最佳猜测"策略。⊖这一策略简化了对概率信息的整

⊖　See Charles F. Gettys, Clinton W. Kelly III, and Cameron Peterson, "The Best Guess Hypothesis in Multistage Inference," *Organizational Behavior and Human Performance, 10*,3 (1973), 365-373; and David A. Schum and Wesley M. DuCharme, "Comments on the Relationship Between the Impact and the Reliability of Evidence," *Organizational Behavior and Human Performance*, 6 (1971), 111-131.

合，但以忽略某些不确定性为代价。如果分析员将本来只有 70% 到 80% 概率为真的信息，当作 100% 为真来对待，那么他们将对基于此信息做出的判断过度自信。

一个更复杂的策略是，假设现有证据完全准确和可靠并据此做出判断，之后通过评估信息的有效性来降低结论的置信度。例如，现有的证据可能表明，某件事很可能（75%）会发生，但分析员不能确定这一判断所依据的证据是完全准确或可靠的；因此，分析员考虑到证据的不确定性，将所评估的事件的发生概率降低（比如降低到 60%）。这一方法是对"最佳猜测"策略的改进，但与计算概率的数学公式相比，通常仍会导致过于自信的判断。[⊖]

在数学的概率论里，两个事件的联合概率等于它们各自概率的乘积。想象一下，你得到关于事件 X 的证据，它很可能是真实的（概率为 75%）。如果事件 X 的证据为真，你判断事件 Y 将有可能发生（概率为 75%）。Y 发生的实际概率应由 75% 乘以 75% 得出，只有约 56%。

但在实践中，情况并不是那么简单。分析员必须考虑许多准确度和可靠性各异的证据，这些证据以复杂的方式与多个潜在结果有不同程度的概率关系。显然，此时人们不可能进行优雅的、能将这些概率关系全部考虑在内的数学运算。而在做直觉判断时，我们会不自觉地在这个概率迷宫里寻找捷径，即在一定程度上忽略不太可靠信息所固有的不确定性。在实践中，依赖捷径的直觉判断似乎是分析员最好的选择，因为将问题进行分解并能够判断每项信息的概率，然后用数学公式来整合这些概率的做法几乎是不现实的。

⊖　Edgar M. Johnson, "The Effect of Data Source Reliability on Intuitive Inference," Technical Paper 251 (Arlington, VA: US Army Research Institute for the Behavioral and Social Sciences, 1974).

　　同样地，这一过程也可能影响我们对那些看似合理的但从一开始就知道其真实性存疑的信息的反应。表面来看，外国官员的私人声明往往通过情报渠道被透露；但在许多情况下，并不清楚外国大使、内阁成员或其他官员的这种私下声明是真实的私人观点，还是轻率的言论，或者是对美国政府的蓄意欺骗，抑或是经过批准的计划（以传达外国政府认为最好通过非正式渠道来传递的真实信息）。

　　收到此类信息的分析员通常并无依据来判断作为信息源的官员的动机，因此必须根据信息本身的价值来判断。在进行这种评估时，分析员会看信息能得出怎样的因果联系。如果得到的是分析员已经知道的联系，那么信息的作用甚微，仅是支持了现有观点；但如果揭示了看似合理的新联系，那么分析员则会调整思路，将这些新联系考虑在内。如此来看，信息是否能影响分析员的思考，很可能完全由信息的内容决定，而对信息来源的告诫根本不会减弱信息的影响。知道信息来自可能试图操纵我们认知的、不受控制的来源，并不一定会减少信息对我们判断的影响。

不可信证据的持久印记

　　某个证据带给人的印象往往会持续，即使该证据已被证明是错误的。心理学家之所以对这一现象感兴趣，是因为许多心理学实验都要求对被试进行误导，比如，实验的设计可能会让被试相信他们成功地完成了某些任务，或任务完成失败；抑或让他们相信自己有某种实际上并不存在的能力或个性。心理学家的职业规范要求他们在实验结束时应消除受试者的这些错误印象。但事实证明，要做到这一点非常困难。

　　当被试知道自己在实验中表现得成功与否完全取决于人为控制的教学水平后，他们由实验表现而得出的对自己解题的逻辑能力的错误印象，仍然会存在。[⊖]与此类似，另一个研究中，被要求区分遗书真假的被试，在实验中得到的反馈也与他们的实际表现无关。被试被随机分为两组，一组被告知在这项任务中的表现高于平均成功率，另一组则被告知表现相对失败，由此形成了被试对任务难度和自身表现的错误印象，但即使当被试知道了所谓的表现是由被分配到某个组而预先决定的之后，也就是他们知道自己被误导后，上述错误印象仍然存在。此外，实验观察员也会对被试有持续的错误印象。[⊖]

有几种认知过程可能可以解释这一现象。一种相关的解释是，人们倾向于在已有印象的框架内对新信息进行解释，但这不足以解释为什么即使新信息很权威且否定了原来的证据，基于原有证据而形成的印象仍无法被消除。

一个有趣的但带有推测性的解释是，这与人们强烈的、寻求因果解释的倾向有关。当第一次接触到证据时，人们会假设一套因果关系来解释这个证据。（我们将在下一章详细讨论人的这一倾向）。比如，在遗书实验中，一个被试将自己区分遗书真假的"卓越"成绩，归功于自己富有同情心的个性和从一个后来自尽的小说家的作品中所获得的洞察力；另一个被试将自己失败归咎于自己不熟悉可能考虑自杀的人。感知到的因果关系越强，证据产生的印象就越强。

即使被试知道了自己得到的表现反馈是无效的，他们仍然保留了这些看似合理的、能解释他们在任务中表现好坏的因果关系；这些因果关

⊖ R. R. Lau, M. R. Lepper, and L. Ross, "Persistence of Inaccurate and Discredited Personal Impressions: A Field Demonstration of Attributional Perseverance," paper presented at 56th Annual Meeting of the Western Psychological Association (Los Angeles, April 1976).

⊖ Lee Ross, Mark R. Lepper, and Michael Hubbard, "Perseverance in Self-Perception and Social Perception: Biased Attributional Processes in the Debriefing Paradigm," *Journal of Personality and Social Psychology, 32*, 5, (1975), 880-892.

系常浮现在脑海中，与当初建立时所依赖的错误证据不再有关。[一]通俗地讲，人们也许会说，一旦信息敲响了警钟，铃声就不会停。

现实世界中，大多数情景其实都有不确定性，而这有助于这一归因现象的持续发生。实际上，现实世界中的证据，很少能像在实验室中那样，被证明完全是错误的。比如，想象一下，你被告知某个一直为你提供情报的秘密消息源实际上已经受到敌方控制，再进一步想象一下，你已经基于该消息源的情报形成了某些印象。为了合理化这些印象，你很可能会认为尽管信息源受到敌方控制，但消息仍是真实的，或者怀疑声称消息源受到控制的报告的有效性。在后面这种情况下，持续的印象本身，会影响对可能质疑该印象的证据的评估。

[一]　Lee Ross, Mark R. Lepper, Fritz Strack, and Julia Steinmetz, "Social Explanation and Social Expectation: Effects of Real and Hypothetical Explanations on Subjective Likelihood," *Journal of Personality and Social Psychology, 33*, 11 (1977), 818.

第 11 章

因果感知中的偏差

因果关系的判断对解释过去、理解现在和预测未来是必要的。但这类判断经常受到不为人意识控制的因素的影响，而这将影响情报分析员做出的很多判断。出于在我们所处环境中建立秩序的需要，我们寻找并经常认为我们找到了原因，但它们实际上只是偶然或随机的现象。情报分析员更愿意假设其他国家在推行一个连贯、协调、合理的计划，因而会高估自己预测这些国家未来事务的能力。人们还倾向于认为结果与原因是对等的，即重要或大的事件背后一定有重要原因。

在推断行为的原因时，人们会过度重视行为者的个人素质和性格，而忽略了行为发生时的情景决定要素。人们还高估了自己作为他人行为原因和目标的可能性。最后，人们常常感知到事实上并不存在的关系，这是因为他们对证明一种关系存在所需的信息种类和数量没有直观的了解。

○ ○ ○

我们不能像看到一张桌子或一棵树那样看到因果关系。即使当我们观察到一个台球撞击了另一个台球后，原先静止的球开始移动，我们仍不能说自己观察到了因果关系。一个球导致另一个球移动的结论，只能来自复杂的推理过程，而不能来自直接的感官知觉——这类推理需要基于事件在时间和空间上的共存，再加上某个说明这为什么会发生的理论或逻辑解释。

推断因果关系有几种分析模式。在较正式的分析中，推论是基于构成科学方法论的一系列程序来做出的。科学家提出一个假设，然后通过收集和统计分析与现象有关的众多数据来检验该假设。即使如此，因果关系也并非百分之百地被证实。科学家试图证伪，而不是证实一个假设。假设仅在无法被否定时才能被接受。

收集许多可比较案例的数据以验证因果假设，对情报界关心的大多数问题来说，尤其是与另一个国家政治或战略意图相关的问题，是不现实的。但可以肯定的是，它仍是值得尝试的，并且在政治、经济和战略研究中更多地使用科学程序是值得鼓励的。不过事实情况是，占主导地位的情报分析方法必定是与此截然不同的，它是历史学家而不是科学家的方法，这为准确地推断因果关系设置了障碍。

相比于科学家，大多数历史学家用于确定因果关系的程序和标准都没有被定义得那么好。

> 历史学家的目的是将所研究事件串成连贯的整体。我认为，他的做法主要是寻找并借助某些重要概念或主导思想来阐明事实，追踪这些思想间的联系，然后通过对所研究时期内的事件进行"有意义的"叙述，来展示具体的事实对这些思想的意义。[⊖]

这里的关键原则是连贯性和叙述性，在它们的指导下，观察结果被组织成有意义的结构和模式。历史学家通常只观察到某个单一的案例，而不是在许多可比较的案例中观察到共变模式（当两件事相关联时，其中一件的变化会引起另一件的变化）。此外，历史学家能观察到的同时变化

⊖ W. H. Walsh, *Philosophy of History: An Introduction* (Revised Edition: New York: Harper and Row, 1967), p. 61.

的变量过多，所以共变原则通常来说对于厘清事件间的复杂关系没有帮助。另一方面，叙述性的故事为历史学家所观察到的极复杂的现象提供了一种组织方式，历史学家利用想象力从零散的数据片段中构建出一个连贯的故事。

使用历史分析模式的情报分析员本质上是讲故事的人。他们根据以前的事件构建了一个情节，而这个情节指示了这个不完整故事的可能结局。情节的构建是基于"主导概念或思想"，分析员用它来推测现有数据之间的关系模式。当然，分析员不是在准备一部小说作品，因此所用的想象力不能是完全无限制的，但想象力的参与是必要的，因为几乎有无限多种方式可以将已有数据组织起来以讲述一个有意义的故事，所以他们主要是通过现有证据和连贯性原则对想象力进行限制：故事必须是一个合乎逻辑的、连贯的整体，并与现有证据保持内在一致。

认识到历史或叙事分析模式涉及讲述一个连贯的故事，这有助于解释分析员之间的许多分歧，因为连贯性是一个主观概念，包括了一些预设的、什么能与什么匹配的信念或思维定式。与本讨论更相关的是，使用连贯性而不是科学观察作为判断真相的标准会导致偏差，这些偏差可能会在一定程度上影响所有分析员。对连贯性的判断可能会受到许多外在因素的影响，如果分析员觉得某些解释比其他解释更连贯，他们就会更偏爱这些解释。

倾向于因果解释

由追求一致性带来的一种偏见是对因果解释的偏好。一致性意味着秩序，所以人们自然而然地将观察结果组织成有规律的模式和关系。如果没有发现明显的模式，我们首先会认为是我们对此缺乏理解，而不是这一现象本身就是没有目的或理由的随机现象。作为最后的手段，许多人将无法理解的事件归因于上帝的旨意或命运，认为是预先安排好的；他们拒绝认为结果可能是由以随机的、不可预测的方式相互作用的力量决定的。人们普遍不会接受机遇或随机性的概念。即使是赌徒表现得也好像他们能控制掷骰子的结果一样。[⊖]"因为"一词在日常语言中的普遍使用反映了人们寻求查明原因的倾向。

　　人们期望有规律可循的事件看起来是有规律的、随机事件看起来是随机的，但事实并非如此。随机事件往往看起来像是有规律可循的。掷 6 次硬币，可能会产生 6 个头像朝上的结果；掷 6 次硬币产生的 32 种可能的结果序列中，看上去几乎都不是"随机的"。[⊜]这是因为随机性是产生结果数据的一种过程属性。随机性在某些情况下可以通过科学的（统计）分析来证明，但是事情几乎永远不可能看起来就像是随机的；人们几乎可以在任何一组数据中找到一个明显的模式，或者从任何一组事件中创造出一个连贯的叙述。

　　由于人们期望所处环境是有秩序的，因此人们寻求现象的原因，并经常相信自己为某个现象找到了原因——尽管这一现象实际上是随机的。在第二次世界大战期间，伦敦市民对德国的轰炸模式提出了各种因果解释，这些解释常常影响他们在哪里居住以及何时到防空洞避难的决定。然而，战后的研究表明，炸弹袭击的时间地点都接近于随机分布。[⊜]

　　德国人的轰炸可能是有目的的，但目的会随着时间改变，并且并不总是能实现，因此最终来看轰炸的模式几乎是随机的。伦敦市民将注意

　⊖　Ellen J. Langer, "The Psychology of Chance," *Journal for the Theory of Social Behavior*, 7 (1977), 185-208.

　⊜　Daniel Kahneman and Amos Tversky, "Subjective Probability: A Judgment of Representativeness," *Cognitive Psychology*, 3 (1972), 430-54.

　⊜　W. Feller, *An Introduction to Probability Theory and Its Applications* (3rd Edition; New York: Wiley, 1968), p. 160.

力集中在少数几次轰炸上——这几次轰炸支持他们对德国意图的猜测，而忽略了更多不支持猜测的轰炸。

古生物学中的一些研究似乎说明了同样的趋势。一组古生物学家开发了一个计算机程序，以模拟动物物种随时间的进化改变。但从一个时间段到下一个时间段的过渡并不是由自然选择或任何其他有规律的过程决定的，而是由计算机生成的随机数决定的。结果，该程序得到的进化模式，与古生物学家一直尝试理解的自然界中的实际进化模式类似。直观上看起来有很强规律性的假设进化事件，实际上是由随机过程产生的。[⊖]

另一个有关将因果解释强加于随机事件的例子，来自一项对心理学家研究实践的研究。当实验结果与预期有偏差时，这些科学家很少将偏差归因于样本内的差异，他们总是能够为这种偏差提出更有说服力的因果解释。[⊜]

B. F. 斯金纳甚至在对鸽子进行行为调节实验的过程中注意到了类似现象。正常的实验程序是，只要鸽子在适当的时间啄到适当的栏杆上，就会得到食物的正强化。为了定期获得食物，鸽子必须学会按特定顺序啄食，斯金纳的研究表明，即使食物的分配实际上是随机的，鸽子也"学会了"并遵循着一种模式（斯金纳称之为迷信）。[⊝]

这些例子表明，在军事和外交事务中，模式有时难以理解——可能是因为很多事件确实没有有效的因果解释。这无疑会影响事件的可预测性，并意味着情报分析能得出的结论有限，不应期望过高。

　　⊖　Gina Bari Kolata, "Paleobiology: Random Events over Geological Time," *Science*, 189 (1975), 625-626.

　　⊜　Amos Tversky and Daniel Kahneman, "Belief in the Law of Small Numbers," *Psychological Bulletin*, 72, 2 (1971), 105-110.

　　⊝　B. F. Skinner, "Superstition in the Pigeon," *Journal of Experimental Psychology*, 38 (1948), 168-172.

倾向于认为存在集中指挥

与倾向于因果解释类似，这一倾向是将其他政府（或任何类型的团队）的行为看作是集中指挥和有意规划的结果。"……大多数人对意外事件、不在预期内的结果、巧合以及导致大变化的微不足道原因的感知，都很迟钝。相反，人们看到的是协调一致的行动、计划和密谋。"⊖分析员们更倾向于认为其他国家的政策的推行是连贯、理性、目标导向的，因为这样他们便可以做出更连贯的、有逻辑的、理性的解释。这类偏见还让分析员和决策者都高估了其他国家未来事件的可预测性。

分析员们知道，结果通常是由意外、失误、巧合、精心制定的政策的意外结果、命令执行的不当、半独立的官僚机构间的讨价还价，或在不恰当情况下遵循标准操作程序等原因造成的。⊜但是，如果对这些原因进行关注，则意味着承认世界是无序的、结果更多是由偶然因素而非目的决定的。将这些随机的、通常是不可预测的因素纳入连贯的叙事中尤其困难，因为它们很难被及时地记录下来；只有从历史分析的角度，当回忆录被撰写或政府文件被公开后，完整的故事才得以展现。

这种倾向所带来的影响很重要。外国政府的行动是基于合理的、集中指挥的计划这一假设，会让分析员：

- 认为如果政府行为来自不断变化或不一致的价值观、官僚机构之间的讨价还价或纯粹的混乱和失败，那么政府行为将不会成功；

- 从政府官员的声明或行动中得出意义深远但可能是不必要的推论，因为这些官员可能是根据自己的意愿而非根据中央指示行事；

⊖　Robert Jervis, *Perception and Misperception in International Politics* (Princeton, NJ: Princeton University Press, 1976), p. 320.

⊜　For many historical examples, see Jervis, ibid., p. 321-23.

- 高估美国对另一国政府行动的影响力；

- 认为不一致的政策是两面三刀和狡诈欺瞒的结果，而不是政府领导不力、摇摆不定或各种官僚或政治利益之间讨价还价的产物。

因果的相似性

当对共变进行系统分析不可行，而有几种因果解释似乎可供选择时，人们判断因果关系的一个经验法则是考虑原因属性和结果属性之间的相似性。原因的属性是"……根据与结果属性的一致或相似来判断的"。[⊖]重的东西会发出沉重的声音，娇小的东西轻盈地移动，体型大的动物留下大的足迹。在处理物理属性时，这种推论一般是正确的。

然而，在这种推论不适用的情况下，人们仍倾向于以同样的方式进行推理。比如，分析员往往认为，经济事件主要是由经济原因引起的，大事件具有重要的后果，小事件不会影响历史进程。这种因果之间的对应关系可以使叙事更有逻辑性、更有说服力、更连贯，但这样的推断与历史事实是不符的。

大卫·哈克特·费舍尔（David Hackett Fischer）将原因必须以某种方式与其结果相似的假设称为"一致性谬误"[⊖]，他引用了西班牙舰队的历史作为例子。在数个世纪的时间里，历史学家一直在分析 1588 年英国人击败西班牙无敌舰队的重要后果。费舍尔在逐一驳斥了这些论点之后，指出：

⊖　Harold H. Kelley, "The Processes of Causal Attribution," *American Psychologist* (February 1973), p. 121.

⊖　David Hackett Fischer, *Historian's Fallacies* (New York: Harper Torchbooks, 1970), p. 177.

简而言之，尽管强大且传奇的西班牙舰队被打败了，但是这带来的影响似乎很小：它的失败除了打乱了西班牙的战略，未造成其他任何影响。这个判断肯定会违背每个英国人的爱国本能和我们所有人的审美情趣。我们认为，重大事件必须产生重大结果。[⊖]

根据因果相似性进行推理的倾向，经常与前面提到的"集中指挥"偏差一起出现；它们共同解释了为什么阴谋论常常具有说服力，因为阴谋论常被用来解释那些没有对等重大原因的重要事件，例如，"像李·哈维·奥斯瓦尔德这样一个可悲的、软弱的人物竟然改变了世界历史，是令人愤慨的"。[⊜]由于所谓的刺杀约翰·肯尼迪的动机与其所要解释的事件的效应相差甚远，在许多人看来，这一动机不符合连贯的叙述性解释的标准。如果如此"小"的、个人的错误、意外或异常行为会产生大的影响，那么就意味着重大事件背后的原因是无意义的和随机的，而不是有目的的。

与大多数人相比，情报分析员更容易接触到国际舞台上真实阴谋和政变的确凿证据。尽管如此，或者说也许正因为如此，大多数情报分析员并不特别容易受到通常所说的阴谋论的影响。尽管分析员可能不会以极端的形式表现出这种偏差，但它很可能确实在很多细微的方面影响着分析员的判断。在研究因果关系时，分析员通常会构建与结果影响程度相当的因果解释，这种解释会将事件归因于人类的目的或可预测的力量，而不是归因于人类的软弱、混乱或意外后果。

⊖　Ibid, p. 167.

⊜　Richard E. Nisbett and Timothy DeC. Wilson, " Telling More Than We Can Know: Verbal Reports on Mental Processes," *Psychological Review* (May 1977), p. 252.

误判行为的内部原因与外部原因

关于人们如何评估行为原因的许多研究，都用基本的二分法将决定人类行为的因素分为了内部原因和外部原因。行为的内部原因包括一个人的态度、信念和个性，外部原因包括激励和约束、角色要求、社会压力或其他个人无法控制的力量。这些研究考察的是，在什么情况下人们将行为归因于行为者稳定的个性，又在什么情况下将行为归因于行为者所应对的情景的特征。

对某人或某政府行为背后原因判断的不同，会影响人们对该行为的反应。当人们在应对他人友好或不友好的行为时，将该行为的原因归为个人或政府自身特点时的反应，与将该行为的原因归为个人或政府几乎无法控制的情景因素时的反应可能完全不同。

在判断行为原因时常犯的一个错误是，高估了内部因素的作用而低估了外部因素的作用。在观察他人的行为时，人们过于倾向于认为行为是由他人的个人特征或性格造成的，并期望这些内在因素在其他情况下也能决定他人的行为，从而对可能影响他人行为选择的外部环境因素没有给予足够的重视。这种普遍的倾向已在多种不同的情况下，在许多实验中得到了证明[⊖]，并且在外交和军事互动中也经常被观察到。[⊜]

在找寻因果关系时是否容易受到这类归因偏差的影响，取决于人们是在考察自己的行为还是在观察他人的行为。人们倾向于将他人的行为归因于行为者的内在特点，而将自身行为完全归因于所处的环境。这一差异很大程度上可被解释为：作为行为者时和作为观察者时，人们所能

⊖　Lee Ross, " The Intuitive Psychologist and his Shortcomings: Distortions in the Attribution Process, " in Leonard Berkowitz, ed., *Advances in Experimental Social Psychology*, Volume 10 (New York: Academic Press, 1977), p. 184.

⊜　Jervis, ibid., Chapter 2.

获得信息不同——人们对自己了解得更多。

　　人们很了解自己过去在类似情况下是如何反应的，因此，当作为行为者在评价自己行为的原因时，我们很可能会考虑自己以前的行为，并关注它如何受到不同情境的影响，所以此时情境变量成为解释我们自身行为的基础。而当作为观察者时，人们通常对他人过去的行为缺乏详细了解，因此倾向于关注这个人的行为与类似情况下其他人的行为有何不同。[一]因行为者和观察者的不同身份而带来的在可获取信息的类型和数量上的差异，不管是对于政府还是个人，都是存在的。

　　如果行为者亲身参与了所观察的行为，那么将增加内部归因偏差的可能性。"当观察者同时也是行为者时，他很可能会夸大他人对自己行为反应的独特性，并强调个性的来源"。[二]这是因为观察者假设自己的行为没有煽动性这一点能被其他行为者清楚地理解，并且经过精心设计以引起期望的反应。也就是说，当观察者在与另一个行为者互动时，观察者认为待应对的情境已经固定了，当行为者的反应与预期不一致时，一个合乎逻辑的推论是，这种反应是由行为者的个人特征而不是由情境的特征造成的。

　　在许多情况下，情报分析员都会遇到权衡行为的内因和外因这一问题。当外国政府的新领导人上任时，分析员会评估领导层变化对政府政策的可能影响。比如，成为总理的前国防部部长会继续推动国防预算的增加吗？分析员将在新任总理的已知个人特点（基于其在以往职位上的表现）和对行为有约束的新情境两者中做权衡：如果能够获得相对完整的情境决定的约束信息，分析员可能就能对这类问题做出准确的判断；如果

　　⊖　Edward E. Jones, "How Do People Perceive the Causes of Behavior?" *American Scientist*, 64 (1976), p. 301.

　　⊜　Daniel Heradstveit, *The Arab-Israeli Conflict: Psychological Obstacles to Peace* (Oslo: Universitetsforlaget, 1979), p. 25.

缺乏这样的信息，分析员就会倾向于错误地假设个体的个人特点会使人继续过去的行为。

以苏联－阿富汗战争为例。苏联人对自己行为的认知无疑与美国人的认知大相径庭。因果归因理论表明，苏联领导人会认为出兵是对当时南亚紧张局势的必要反应，比如宗教民族主义的威胁从伊朗和阿富汗蔓延到了苏联。此外，他们会认为美国不理解他们的"合法"国家利益，是因为美国对他们存在根本的敌意。

相反，美国的观察者会倾向于将战争归因于苏联政权有侵略性和扩张主义特质。对苏联的反感，以及缺乏对制约苏联局势的信息的了解，很可能会加剧这种归因偏差。[一]此外，由于归因偏差在一定程度上源于对形势压力和制约不够了解，因此可以预料，与专门研究苏联问题的分析员相比，非苏联问题专家的决策者会有更大的偏见：因为专家们对与苏联相关的情景变量有更多了解，所以可能会更全面地考虑到这些变量。

但有时候，专家们过于沉浸在自己所研究的国家的事务中，以至于他们开始采取该国领导人的观点甚至偏见。冷战期间，中情局的苏联事务专家和中国事务专家，就中苏关系的处理方面就一直存在分歧。例如，1969 年双方发生边境冲突时，苏联事务专家认为中国人是在"挑衅"，这些专家倾向于接受苏联政府对边界历史和位置的说法；而中国事务专家倾向于接受相反的观点——苏联人一如既往地傲慢，中国人只是对苏联的高压霸权做出了反应。[二]换句话说，分析员采纳了自己最熟悉的国家的领导人所持的观点。

1978 年至 1979 年埃及与以色列的和平谈判，是另一个人们在进行因

[一]　Edward Jones and Richard Nisbett, " The Actor and the Observer: Divergent Perceptions of Their Behavior, " in Edward Jones et al., *Attribution: Perceiving the Causes of Behavior* (New Jersey: General Learning Press, 1971), p. 93.

[二]　根据作者与中情局分析员的个人讨论。

果判断时有明显偏见的例子。用当时一位观察员的话来说：

> 埃及人将与以色列签署条约的原因归结为自身固有的和平倾向；以色列人认为埃及人是迫于经济恶化和对以色列军事优势的日益清醒认识才有了建立和平的意愿。另一方面，以色列人认为自己倾向于和解是出于对和平的爱好；而埃及人认为，以色列在西奈等问题上的妥协是因为外部压力，如美国的积极诱导和消极制裁威胁。此外，一些埃及人将以色列在约旦河西岸建立犹太人定居点等行为归咎于犹太复国主义的扩张性；但如果以色列不在这里建立定居点，埃及人则会将此解释为是外部制约因素在起作用，比如西方对定居点的谴责。另外，以色列人认为，埃及过去曾威胁将其赶入大海等不良行为，是源于埃及一直以来反对在中东建立犹太国家；而当埃及人不再发出这种威胁时，以色列人则将其归因于外部环境，比如以色列的相对军事优势。⊖

这种归因风格的一贯持续，并不仅仅是出于对立双方的自身利益或是宣传的结果。在许多不同的情况下，它也能解释和预测人们通常如何归因。

通常来说，正是由于有偏颇的归因，人与人之间、政府与政府之间埋下了不信任和误解的种子。我们往往对彼此行为的原因有相当不同的看法。

高估自己的重要性

无论是个人还是政府，都倾向于高估自己影响他人行为的程度。⊜这

⊖　Raymond Tanter, "Bounded Rationality and Decision Aids," essay prepared for the Strategies of Conflict seminar, Mont Pelerin, Switzerland, 11-16 May 1980.

⊜　This section draws heavily upon Jervis, Chapter 9.

与之前得到的概括——观察者倾向于将行为的原因归为行为者自身的特征——不一样。有这种倾向主要是因为，一个人很了解自己为了影响别人做了哪些努力，却对其他可能会影响他人决定的因素缺乏了解。

在评估美国政策对另一国政府行动的影响时，分析员往往对美国的行动及意图都很了解，但在许多情况下，他们对目标政府的内部程序、政治压力、政策冲突和其他影响决策的因素却知之甚少。

这类偏见可能导致了美国未能预测到印度的核武器试验。尽管承诺在印度的军事武器库中增加核武器是新一届印度政府当选的原因之一，但大多数美国情报分析员显然认为这一承诺只是竞选时的说辞，并且相信通过经济制裁和外交压力能够劝阻印度加入核俱乐部。事实证明，分析员高估了美国政策影响印度决策的能力。

当别国的行动符合美国的意愿时，在没有强有力的反对证据的情况下，最明显的解释就是美国的政策有效地影响了这个行动。⊖相反，当别国表现出不合预期的行为时，这通常会被归因于美国无法控制的因素。无论是个人还是政府，都很少考虑自身行为可能产生意想不到的后果的可能性：他们假设自己的意图已经被正确地理解，除非受到外部原因的挫折，否则行动将会产生预期的效果。

许多调研和实验室研究表明，人们通常将自己的行为视为成功的原因而非失败的原因。当孩子、学生、员工表现得好时，部分功劳会被归于他们的父母、老师、主管；当他们表现不佳时，却很少认为是指导者的过失。当选的国会议员一般认为自己的行为对最终当选有很大的贡献，而落选的候选人则把失败归咎于自己无法控制的因素。

另一个例子是，一些美国人在苏联解体后欢呼。他们认为美国的强硬政策（如增加国防开支和战略防御计划）是苏联解体的原因——这些政

⊖　基于同样的理由，我们可能低估了自身行动对那些并非我们的目标的国家的影响。

策使苏联领导人意识到自己无法再与美国对抗。美国的新闻媒体报道了这一故事长达数周，并就苏联解体的原因，采访了包括苏联事务专家在内的许多人。大多数对苏联问题有了解的学者都表明，苏联解体的原因很多，其中最重要的是苏联体制的性质造成的内部问题。

无论是个人还是政府，当成为他人或他国行动的目标时，往往都会高估自己的重要性：他们对别人行动对自身的影响很敏感，并通常认为这些行动是指向自己的，产生的影响都是在计划内的。他们很少意识到行动的其他原因或其他结果，因此往往会低估它们的重要性。

当分析别人行事原因的时候，人们最常问的问题是："这个人或政府这样做的目的是什么？"但是，目的通常是基于行为的效果来推断的，而最了解且往往看起来最重要的效果是对我们自己的影响。因此，伤害我们的行为通常被解释为针对我们的敌意。当然，这样的解释常常是准确的，但我们有时无法认识到，那些看似针对自己的行为，其实是对方出于一些与我们无关的原因所做的决定的意外后果。

虚假相关

在本章开始时，共变性被列为推断因果关系的一个依据；它既可以被直观地观察到，也可以通过统计学的方法来测量。本节将研究直观感知得到的共变性在多大程度上与通过统计测量得到的共变性有偏离。

对共变性的统计测量又称为相关性。当某个事件的存在意味着另一个事件的存在时，则两件事是相关的；当某个变量的变化意味着另一个变量也有类似程度的变化时，则两个变量是相关的。单纯的相关性不一定意味着因果关系。例如，两件事同时发生可能是因为它们是由共同的原因引起的，而不是因为其中一件事引起了另一件事。但是，如果两件事同时发生，并且在时间顺序上一件事总是发生在另一件事的后面，人们通常会推断第一件事引起了第二件事。因此，如果对相关性感知不准确，将会导致对因果关系的不准确理解。

对相关性的判断是所有情报分析的基础。例如，经济状况恶化会导致对反对党的政治支持率上升；国内问题可能导致外交冒险主义；军事政府会导致民主体制的瓦解；或者当谈判处于强势地位时，谈判会更成功。以上这些假设都是基于对变量间相关的直觉判断做出的。在很多情况下，这些假设是正确的，但很少经过系统观察和统计分析的检验。

许多情报分析都是基于对个人和政府行为方式的常识性假设进行的。但问题是，人们善于援引相互矛盾的行为"法则"来解释、预测或证实在类似情况下发生的不同行为。"欲速则不达"和"犹疑必失"就是相互矛盾的解释和告诫的例子。当单独使用时，这些解释很有道理，但当它们被放在一起时，则让我们不知道该干什么。"姑息招致侵略"和"协议是妥协的结果"是类似的矛盾表达。

当面对这种显而易见的矛盾陈述时，自然而然的辩解是"这一切都取决于……"。而对这类限定语句的认识，正是下意识的信息加工和系统的、有意识的分析之间的区别之一。分析是否有见地取决于分析者能否很好地识别限定条件，是否严谨则取决于分析者是否能常常记得去识别限定条件。[注]

虚假相关是指人们感知到某种实际上并不存在的关系。人们在对一系列事例进行观察时，似乎更关注那些支持相关关系存在的事例，却忽略了那些不支持相关关系的事例。一些实验表明，人们在评估两个事件

⊖　This paragraph draws heavily from the ideas and phraseology of Baruch Fischhoff, "For Those Condemned to Study the Past: Reflections on Historical Judgment," in R. A. Shweder and D. W. Fiske, eds., *New Directions for Methodology of Behavioral Science: Fallible Judgment in Behavioral Research* (San Francisco: Jossey-Bass, 1980).

或两个变量之间的关系时，对真正需要哪些信息并没有直观的认识。人们对相关的直觉理解，似乎没有任何一方面能与统计学上的相关概念相对应。

实验以护士为被试，测试他们通过经验学习判断症状和疾病诊断间关系或相关的能力。[⊖]实验中，每个护士都能看到 100 张卡片，每张卡片代表 1 个病人。卡片顶部有一排 4 个字母，代表各种症状；底部也有一排 4 个字母，代表疾病诊断。护士们被要求只关注症状 A 和疾病 F，并判断症状 A 是否与疾病 F 有关。换句话说，从这 100 个"病人"的情况来看，症状 A 的出现是否有助于确诊疾病 F？实验进行了多次，每次 A 和 F 的相关程度不同。

假设你自己是被试之一。你看完了所有的卡片，并注意到大约有 25 张卡片，或者说 1/4 的病例，同时有症状 A 和疾病 F。你会说这两者间有关系吗？为什么？仅根据支持 A 和 F 有关系的病例频次来做出判断是否合适呢？你还需要知道别的信息吗？如果知道有症状 A 但没有疾病 F 的病例数，是否会有帮助？假设有 25 张这样的卡片，也就是说，在 100 张卡片中，有 50 张卡片有 A，其中有 25 张既有 A 也有 F——换句话说，在观察到症状 A 的病例中，有一半出现了疾病 F。这是否足以建立两者的关系？还是需要进一步知道疾病 F 出现的症状 A 没有出现的频次？

事实上，要确定症状与疾病间关系的存在，需要获得 2×2 列联表中每个单元格里的信息。图 11-1 给出了实验中一次测试所用的表格，该表显示了症状和疾病在四种可能组合情况下，患者病例数分别都是 25。

⊖　Jan Smedslund, " The Concept of Correlation in Adults, " *Scandinavian Journal of Psychology*, Vol. 4 (1963), 165-73.

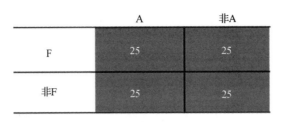

图　11-1

　　在上述 A 和 F 组合方式固定的情况下，19 名参与实验的护士中，有 18 名认为 A 和 F 至少有微弱的相关，其中有几个甚至认为两者有很强的相关；而事实上，两者根本没有相关性。一半以上的被试仅仅根据 A 和 F 同时出现的频率来得出判断，也就是表格左上角单元格里的数字。由于这些被试的任务是试图确定 A 和 F 之间是否存在关系，因此当翻看全部 100 张卡片时，他们发现有 25% 的病例符合"症状 A 和疾病 F 相关"的假设，认为这似乎足以支持假设。另一组人数较少的被试则用了更复杂一些的推理方法：他们找出有症状 A 的全部病例，然后调查在这些病例中，有多少被诊断出疾病 F；也就是他们关心的是图 11-1 中的左边部分。第三组被试则拒绝使用统计概括的基本概念，当被要求描述推论理由时，他们说有时两者有关系，而其他情况下没有关系。

　　在参加上述实验的 86 名被试中，没有一个人对相关性的概念有任何直观的理解。也就是说，没有人明白，要想正确判断某一关系是否存在，就必须掌握表格中四个单元格的全部信息。最基本的统计学相关是基于 2×2 表格中两条对角线上单元格频次之和的比值。换句话说，沿任一对角线上的条目占优势，就代表两个变量之间有很强的统计关系。

　　现在让我们考虑一个情报分析员感兴趣的、类似相关性的话题：战略欺骗的特点是什么，分析员如何才能发现它？当研究欺骗行为时，一个重要的问题是：欺骗行为的相关因素是什么？当分析员研究过往的欺骗案例时，他们还看到了哪些与欺骗相伴、与欺骗有某种关联的、可能被解释为欺骗指标的东西？是否有某些与欺骗有关的行动，或者有某种欺骗最可能发生的情况，使得人们可以说，因为我们看到 X、Y 或 Z，所以很可能意味着一个欺骗计划正在进行？这就跟一个医生观察到某些症状并得出结论说可能存在某种疾病是一样的。这本质上是一个相关问题，如果可以识别出欺骗的几个相关因素，将极大有助于人们发现它。

有人提出了这样的假设：当赌注特别大时，欺骗的可能性最大。⊖如果这个假设是正确的，那么分析员在大赌注情况下应该尤其警惕欺骗。一些著名的例子支持这一假设，比如：珍珠港事件、诺曼底登陆、德国入侵苏联。这样来看，由于很容易举出在高赌注情况下使用欺骗手段的例子，似乎这一假设得到了证实。但是，请思考下，从本章前面的经验来看，要证明这类关系确实存在，究竟需要哪些信息。图 11-2 将这个问题转化为了一个 2×2 的列联表。

	高赌注	非高赌注
欺骗	68	？
没有欺骗	35	？

图　11-2

巴顿·惠利（Barton Whaley）研究了 1914 年至 1968 年期间 68 个存

⊖　Robert Axelrod, " The Rational Timing of Surprise, " *World Politics*, XXXI (January 1979), pp. 228-246.

在突袭或欺骗的战略军事行动案例。[一]让我们假设，68 个案例都存在某种形式的欺骗和突袭，并把这个数字放在表格的左上角。在高赌注的情况下，有多少案例没有使用过任何欺骗手段？这很难查到，因为研究人员很少花费精力来记录没有什么事发生的阴性案例。幸运的是，惠利确实做了一个粗略的估计，得出在相同时期内，有 1/3 到 2/3 的"大战略"案例都不存在欺骗和突袭。因此需要将 35 这个数字填到图 11-2 左下角的单元格中。

当赌注不大时，欺骗有多少？这是需要放入到图 11-2 右上角的数字。但这个单元格和右下方单元格的数字都很难估计；它们需要定义低赌注情况下的一系列情况。什么是低赌注情况？高赌注情况是可以定义的，但低赌注情况的数量和种类却难以穷尽。鉴于此困难，用完整填充的 2×2 表格来分析欺骗和高赌注间的关系可能是不可行的。

也许可以只基于图 11-2 的左侧来得出结论。但是，由于我们没有依据来对比高赌注和低赌注的情况，因此我们并不能从经验上来证明在高赌注情况下应该对欺骗更加警惕。如果欺骗在战术情况下比在高赌注战略情况下更常见，那么分析员不应该在高赌注时更倾向于怀疑欺骗的存在。

由于没有足够的数据，所以欺骗和高赌注情况之间是否有关系还不是很清楚。直觉上，你可能会觉得有关系，而这种感觉很可能是正确的。但你之所以有这种感觉，主要是因为你倾向于只关注左上角单元格中那些确实体现了这种关系的案例。人们倾向于忽略那些不存在这种关系的情况，因为这些情况不那么突出。

这里想要说明的，并不是分析员应该基于统计分析得出每个关系推

　　㊀　Barton Whaley, *Stratagem: Deception and Surprise in War*, (Cambridge, MA: Massachusetts Institute of Technology, unpublished manuscript, 1969), p. 247.

论，因为他们通常没有这样做需要的数据、时间和兴趣。但分析员应该大致了解，判断某个关系是否存在需要哪些条件。这样的理解绝对不是人们直觉知识的一部分，它不会自然而然地出现，而是必须通过学习来获得。在处理此类问题时，分析员必须强迫自己去思考表格所有的四个单元格，以及填充每个单元格所需要的数据。

即使分析员遵循了这些忠告，但当人们未按照严格的科学程序进行记录观察时，仍会有一些因素会扭曲判断；这些因素会影响一个人回忆与四个单元格相符的例子的能力。例如，相比于未发生的事情，人们更容易记住发生过的事情。"总的来说，历史记录的是人们做了什么，而不是他们没有做什么。"⊖

因此，那些发生了欺骗的案例比没有欺骗发生的案例更容易被想起。在那些与所研究关系有关的案例中，分析员对支持关系存在的事件记得更清楚。由于感知会受到期望的影响，分析员可能会错过或轻视相反案例。此外，人们对最近发生的事件、亲身参与的事件或是有重要后果的事件会有更深刻的记忆。当分析员仅凭直觉而没有有意识地去考虑表格里的全部四个单元格时，上述因素对相关性的认知会产生重大的影响。

许多错误的理论之所以能延续下来，是因为它们看起来很有道理，并且人们倾向于记录支持它们的案例，而不记录否定它们的案例。罗斯将这个过程描述如下：

> ……直觉观察者有选择地加工那些可能与 X 和 Y 间关系有关的数据。符合假设和预期的数据，被认为是可靠的、有效的、有代表性的以及没有偏差或没有第三变量影响的。这些数据被看作反映了 X 和 Y 之间的"真实"关系。相反，明显偏离直觉、

⊖   E. H. Carr, *What is History?* (London: Macmillan, 1961), p. 126, cited by Fischhoff, *op.cit.*

期望或理论的数据，不可能受到很大的重视，并且往往被认为是不可靠、错误的、不具有代表性的或是受到第三变量污染的。因此，凭直觉下判断的科学家如果相信胖子是快乐的，或者更具体地说，相信肥胖会导致快乐，那么就会把快乐的胖子当作这一理论的有力证据；他不会接受这样的假设，即一个人的快乐只是装出来的，或是幸福的家庭生活而非肥胖是快乐的原因。相比之下，这类科学家会非常仔细地审查那些肥胖但忧郁的个案，他可能会试图确定这个人在当天的闷闷不乐是非典型的，而不是其稳定属性的反映，他们会认为闷闷不乐是由感冒引起的，或者是因为这一天过得很糟。毋庸置疑的是，即使是随机产生的一组数据，如果按照刚才概述的方式解释，也可以产生相对较高的相关性。⊖

⊖　Ross, *op. cit.*, pp. 208-209.

CHAPTER 12
第 12 章

概率估计中的偏差

在进行粗略的概率判断时，人们通常依赖几种简化经验法则中的一种，这大大地减轻了决策的负担。人们使用"可获得性"法则时，会根据想象出类似事例的难易程度，或根据能马上记起的类似事件的数量，来判断某件事发生的概率；使用"锚定"策略时，人们在首次评估时会选择某个起点作为参照，然后根据新信息或分析的结果来调整这个数字，但通常情况下，人们对最初判断的调整程度是不够的。

概率的表达方式（例如"可能"和"概率"）是造成歧义的常见原因，而歧义让读者更容易将一份报告解释为与自己的预设一致。一个场景发生的概率常常被计算错误。除非能说明因果关系，否则"先验概率"的数据常常被忽略。

○ ○ ○

可获得性法则

可获得性是进行概率估计时常用的一条简化经验法则。在本文中，"可获得性"是指从记忆中想象或检索的容易程度。心理学家的研究已表明，人们在判断一个事件的概率时不自觉地使用了两条线索：一是他们想象该事件相关例子的难易程度，二是他们能够记住的此类事件的数量或频次。[一]当人们根据回忆或想象所评估事物例子的容易程度来估计事件的频次或概率时，他们就是在使用可获得性法则。

大多数情况下，这种方法很有效。如果一件事确实比另一件事发生得更频繁，因此概率更高，那么我们可能会记起更多与它相关的例子。一般来说，可能发生的事比不太可能发生的事更容易想象。人们正是基于上述假设来进行推理的。比如，我们通过回顾相似职位和有类似经验的同事的晋升情况，来评估自己的晋升机会；我们通过想象某个政治家在哪些方面会失去民众的支持，来评估他在选举中失败的概率。

尽管这通常很奏效，但当回忆事物的难易程度受到与事物发生概率无关的因素的影响时，人们的判断往往会出错。事物被记起的难易程度，受到它发生的时间、我们是否亲身参与、它是否有生动难忘的细节，以及它在发生的当时有多重要等因素的影响；这些因素会影响判断，但它却与事件真实的发生概率无关。

假设有两个吸烟的人。一个人的父亲死于肺癌，而另一个人所认识的人中没有人得过肺癌。通常来说，父亲死于肺癌的那个人会认为吸烟大概率会危害健康，尽管一个肺癌个案在进行该评估时并不具有统计学意义。如果换成两个中情局官员呢？一个人认识奥尔德里奇·埃姆斯（Aldrich Ames），另一个并不认识任何曾经是叛徒的人。谁更有可能察觉到内奸的风险？

苏联的解体很难想象，因为在我们之前的 50 年的经验中从未发生过类似事件。那现在想象俄罗斯恢复共产主义政权有多难呢？其实并不难，部分原因是我们对苏联的记忆还很清晰。但这是不是估计其发生可能性的合理依据呢？当分析员在没有真正分析形势的情况下就迅速做出直觉

㊀　Amos Tversky and Daniel Kahneman, "Availability: A Heuristic for Judging Frequency and Probability," *Cognitive Psychology*, 5 (1973), pp. 207-232.

判断时，他们很可能会受到可获得性偏差的影响。待评估的情景与个人的经验越相符，它就越容易被想象并且看起来越有可能。

相比于其他人，情报分析员受到可获得性偏差的影响更小：分析员要对所有可获得的信息进行评估，而不是进行快速、简单的推断。另一方面，决策者和记者则由于缺乏时间或渠道获取证据，无法深入了解细节，因此在做决策时必然要走捷径。而最显而易见的捷径就是利用可获得性法则来对概率进行推断。

情报分析员所关注的许多事件：

> ……是非常独特的，以至于过去的历史经验无法用于评估其可能性。在思考这些事件时，我们常常构建情景，即如何由当前情况发展至目标事件的故事。所想到情景的合理性，或者构建情景的难度，为该事件发生的可能性提供了线索。如果想不到合理的情景，则该事件将被认为不可能发生或大概率不可能发生。如果很容易就想到好几种情景，或者某个情景特别有说服力，那么所讨论事件看起来就很有可能发生。⊖

在卷入越南事务的前几年，美国的决策者们必须想象在派遣或不派遣美军的两种情况下，可能发生的情况。在判断不同结果的可能性时，我们的高级领导人受到了两个看似可类比情景的强烈影响：二战前绥靖政策的失败和对朝鲜的干预。

许多外在因素会影响对未来事件的情景想象力，它们也同样会影响事件在记忆中的可检索性。奇怪的是，分析行为本身就是这些因素之一。为未来可能的事件构建详细情景的行为，使得该事件更容易被想象，因此增加了它被感知的概率。这是来自中情局分析人员的经验，他们使用

⊖　同上页，p.229。

过各种特殊的工具来分析可能性极小但很重要的假设。(这类技术在第 6 章和第 8 章中被讨论过。)通常,这类分析会提高对"不太可能"场景的重视程度。这种现象在心理学实验中也得到了证明。[⊖]

总之,可获得性法则经常被用来判断可能性或频率。人们很难不这样做,因为在许多情况下,当更详细的分析没有保证或不可行时,这条经验法则可以节省时间。然而,情报分析员需要知道他们何时在走捷径,他们必须知道这些程序的长处和短处,并能识别何时最可能误入歧途。对情报分析员来说,当意识到自己正在使用可获得性法则时,就应该提高警惕。对概率的认真分析,需要对多个会影响情景结果的变量进行识别,并评估它们的强度和相互作用。

锚定效应

人们常直觉地、潜意识地使用的另一种用于简化决策判断的策略——锚定。一些自然的起始点被当作所做判断的第一个近似估计,它们可能是基于之前相同主题的分析,也可能是基于局部计算。这个起始点之后会根据分析的结果或新增信息进行调整。然而,通常情况下,起始点作为锚或阻力,限制了调整量,所以据此估计得出的最终结果,要比实际结果更接近起始点。

锚定可以非常简单地在课堂练习中被演示:要求一组学生估计一个或多个已知量,比如,在非洲的联合国成员国的百分比。给一半学生一个低百分比的数字,给另一半学生一个高百分比的数字,要求他们先用

⊖　John S. Carroll, "The Effect of Imagining an Event on Expectations for the Event: An Interpretation in Terms of the Availability Heuristic", *Journal of Experimental Social Psychology*, 14 (1978), pp. 88-96.

这个数作为估计的答案，然后在思考问题的过程中，调整这个数值，直到尽可能地接近他们认为的正确答案。当在一次实验中这样做时，那些以 10% 为锚点开始的人，最终调整后的平均估计值为 25%，那些以 65% 为锚点开始的人，调整后得出的平均估计值为 45%。[⊖]

由于调整不充分，与以较低估计数值开始的人相比，以较高估计值开始的人最后得到的估计数值显著更大。即使是完全随机产生的起点也起到了锚的作用，产生了阻力或惯性，从而抑制了对起始估计值的全面调整。

当分析员进入一个新的分析领域，并负责对前任做出的一系列判断或估计进行更新时，前任的判断就可能产生这样的锚定效应。即使在分析员做出了自己的初步判断，然后试图根据新的信息或进一步的分析来修正这一判断的情况下，也有很多证据表明，他们通常不会对判断进行充分修改。

锚定提供了对实验的部分解释，即分析员在确定置信范围时往往过于自我肯定。一个预估未来导弹或坦克生产量的军事分析家，通常无法给出具体的数字作为估计值；因此，他可能会设定一个从高到低的范围，并估计实际的生产量有 75% 的可能会在这个范围内。如果这样的置信范围是适当的，那么当进行多次估计后，实际数字应该有 75% 的次数落在估计范围之内，25% 的次数落在范围之外。然而，在实验中，大多数参与者都是过度自信的，实际数字落在估计范围之外的频次要高得多。[⊖]

⊖　Amos Tversky and Daniel Kahneman, "Judgment under Uncertainty: Heuristics and Biases," *Science*, Vol. 185, Sept. 27, 1974, pp. 1124-1131.

⊖　Experiments using a 98-percent confidence range found that the true value fell outside the estimated range 40 to 50 percent of the time. Amos Tversky and Daniel Kahneman, "Anchoring and Calibration in the Assessment of Uncertain Quantities," (Oregon Research Institute Research Bulletin, 1972, Nov. 12, No. 5), and M. Alpert and H. Raiffa, "A Progress Report on The Training of Probability Assessors," Unpublished manuscript, Harvard University,1968.

如果对范围上下限的估计是基于相对可靠的信息，那么结论就有可能是准确的。但是，如果是从单个最佳估计值开始估计，并通过对该值进行简单地上下调整以得出可能的最大值和最小值，那么锚定效应就会发挥作用，导致调整可能不够充分。

锚定现象产生的原因尚不十分清楚。最初的估计值决定了人们的第一印象，并且是早期评估的依据。在重新计算时，他们将其作为起始点，而不是完全从零开始；但这为何会限制随后推理的范围，其原因并不清楚。

有证据表明，即使意识到锚定现象会影响认知，人们仍不能克服它。⊖这是研究认知偏差的实验中的常见发现。即使在告知被试锚定现象的存在且要求他们尽量避免或弥补锚定带来的偏差时，这些偏差仍然存在。

避免锚定偏差产生的一种方法，可能是忽略自己或他人先前的判断，并对问题从头进行思考。换句话说，有意识地避免以任何事先的判断作为出发点。目前，还没有实验证据表明这样做是可行的或是有效的，但似乎值得一试。另外，有时也可以通过采用正规的统计程序来避免人为的错误。例如，贝叶斯统计分析可以用于根据新信息对先前的判断进行修改，以避免锚定偏差。⊖

⊖　同上页，Alpert and Raiffa。

⊖　Nicholas Schweitzer, "Bayesian Analysis: Estimating the Probability of Middle East Conflict," in Richards J. Heuer, Jr., ed., *Quantitative Approaches to Political Intelligence: The CIA Experience* (Boulder, CO: Westview Press, 1979). Jack Zlotnick, "Bayes' Theorem for Intelligence Analysis," *Studies in Intelligence*, Vol. 16, No. 2 (Spring 1972). Charles E. Fisk, "The Sino-Soviet Border Dispute: A Comparison of the Conventional and Bayesian Methods for Intelligence Warning", *Studies in Intelligence*, vol. 16, no. 2 (Spring 1972), originally classified Secret, now declassified. Both the Zlotnick and Fisk articles were republished in H. Bradford Westerfield, *Inside CIA's Private World: Declassified Articles from the Agency's Internal Journal, 1955-1992*, (New Haven: Yale University Press, 1995).

表达不确定性

概率可以用两种方式来表达。统计概率是基于相对频次的经验证据，但大多数情况下，情报判断处理的都是无法给出一个明确统计概率的情况。在进行情报分析判断时，常用另一种概率表达，即"主观概率"或"个人概率"。这类分析表达的是，分析员个人认为某个解释或评估是正确的；这类似于在赌马中判断某匹马有 75% 的概率赢得比赛。

"可能""也许""大概""不太可能"等不确定性的口头表达，是主观概率判断的一种形式，它们长期以来被认为是歧义和误解的根源。当说某件事可能发生时，意味着它发生的概率在 1% 到 99% 之间。为了清楚地表达自己的观点，分析员必须学会在例行交流中使用数字概率或比值来表达不确定性。

正如我们在第 2 章中所解释的那样，人们倾向于看到他们所期望看到的，并且新信息通常会被已有信念同化，这在大脑处理不确定性的口头表达时表现得尤为明显。这些表达本身并没有任何明确的意义，它们只是空壳，但是，读者或听众在接收到它们的时候，会基于当前的语境以及自己对语境的认识来理解这些表达。

当情报结论的表达含糊其词时，读者对结论的解释将倾向于与读者已经相信的观点保持一致。这可能是许多情报消费者抱怨说并没有从情报报告中得到很多信息的原因之一。[⊖]

在面向分析员的培训课程中，这一现象很容易被证明。给课程中所有学生一份情报简报，让他们在所有的不确定表达下划线，并在这些表达上方写上他们认为报告作者在此处希望表达的概率数字，以这样的方式来表达他们对报告的理解。结果会让学生们印象深刻，因为通常来说，

⊖　有关此现象的另一种解释，请参阅本书第 13 章。

学生们对报告的理解彼此间有非常大的差异。

在一项实验中，某情报分析员被要求用数字概率估计值代替他自己早先一篇文章中的口头限定词。原文是："交战双方已停火，但这一状态可能在一周内被打破。"这名分析员说，他想表达的是一周内停火状态被打破的可能性大约有 30%。另一位曾帮助该分析员准备该文章的分析员表示，她认为停火状态将被打破的可能性约为 80%。然而，当共同撰写文章时，两位分析员都认为他们对接下来会发生什么达成了共识。[⊖]很显然，两位分析员尚未进行有效的沟通，更不用说与其报告的读者进行沟通了。

中情局国家评估办公室的第一任主任谢尔曼·肯特，是最早认识到对不确定性的不精确陈述会造成沟通问题的人之一。不幸的是，距离肯特首次被决策者对全国评估中的"严重可能性"的解释震惊的几十年后，分析员和决策者之间，以及分析员和分析员之间的这种沟通不畅，仍然经常发生。[⊖]

我个人记得，我曾与一位同事就某个非常重要的消息源的可靠性进行了辩论。我认为消息源可能是真实的，我的同事则认为，该消息来源很可能受到敌方的控制。经过几个月较长时间的分歧，我终于让我的同事给他的结论一个数字概率评估。他说，消息源受到敌方控制的可能性至少有 51%。我说，消息源可靠的可能性至少有 51%。显然，我们都认为自己的结论存在很大的不确定性，这使我们的争论停止了。我们没有重大的意见分歧，问题在于"可能"一词的模糊性。

⊖　Scott Barclay et al, *Handbook for Decision Analysis*. (McLean, VA: Decisions and Designs, Inc. 1977), p. 66.

⊖　Sherman Kent, "Words of Estimated Probability," in Donald P. Steury, ed., *Sherman Kent and the Board of National Estimates: Collected Essays* (CIA, Center for the Study of Intelligence, 1994).

　　图 12-1 给出了一个针对 23 名习惯阅读情报报告的北约军官的实验的结果。这些军官在实验中被要求阅读许多句子，如"这一情况极不可能……"。除了概率的言语表达有变化外，所有句子都相同。官员们被

测量对不确定性的感知

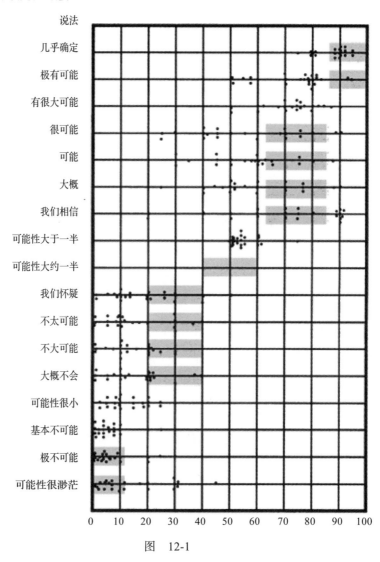

图　12-1

问到，如果是在情报报告中阅读每条陈述，他们将给该陈述多大的可能性。[一]结果发现，虽然在"多于一半"这一表述上大家达成了共识，但军官们对其他概率表达的解释有着很大差异。表格中每个表述的阴影部分是肯特所建议的差异范围。[二]

这个实验最重要的结论是，如果一份情报报告用非常模棱两可的语言表述，以至于读者可以很容易将其解释为符合自己的预设，那么这份报告将没有任何影响力。在处理低概率但后果很危险的情况时，这类模棱两可的表达尤其令人不安，因为决策者难以基于此做出有效的应急计划。

例如，假设有报告说，目前恐怖分子对美国驻开罗的大使馆进行恐怖袭击的可能性很小。如果使馆大使自己的预感是，可能性只有百分之一，那么他可能不会提前做准备；而如果大使预感受袭击的可能性是四分之一，那么他可能会做很多准备。"可能性很小"这个词，与上述两种解释都相符，但读者无法知道报告的作者想表达的具体意思。

另一个可能导致模糊的表达是短语"在此时"。将预测的时间范围缩小会降低事件发生的概率，但可能并不会影响采取预防措施或应急计划的必要性。某件无法预测发生时间的事件，可能在即将到来的这个月内发生的概率只有5%，但如果将时间范围扩大到1年（12个月内每个月发生的概率为5%），那么发生概率就会达到60%。

分析员如何在自己尚不清楚有多确定的情况下表达不确定性呢？一个适当的避免误解的手段是在表达不确定程度的短语后加一个括号，里边用一个数字限定词，这可以是一个比值（小于1/4的概率），或一个百

▽ Scott Barclay et al, p. 76-68.

▽ Probability ranges attributed to Kent in this table are slightly different from those in Sherman Kent, " Words of Estimated Probability," in Donald P. Steury, ed., *Sherman Kent and the Board of National Estimates: Collected Essays* (CIA, Center for the Study of Intelligence,1994).

分比范围（5%～20%，或小于20%）。比值通常是比较建议的，因为大多数人对它的直观理解要好于对百分比的理解。

评估情景的可能性

情报分析员有时要对情景（scenario）做出判断，情景即一系列导致预期结果的事件。有证据表明，对情景可能性的判断受到情景中细节的数量和性质的影响，而这些与情景实际发生的可能性并没有关系。

一个情景由在叙事描述中相互联系的事件组成。要计算某个情景的数学概率，正确的方法是将每个事件的独立概率相乘。因此，对于包含了三件事的情景，如果每件事单独发生的概率是70%，那么该情景的概率是0.7×0.7×0.7，即比34%略高。如果在该情景中再增加一个发生概率为70%的事件，那么整个情景发生的概率将降低到24%。

大多数人对概率推理缺乏直觉的理解。简化此类问题的一种方法是，假设（或认为）一个或多个可能的事件已经发生，这样可以消除判断中的一些不确定性。另一种简化的方法是，将判断建立在每个事件独立概率的大致平均值上——在上面的例子中，用这一方法所得出的整个情景的发生概率是70%，比实际的概率要高。

当采取平均策略时，情景中的高概率事件会抵消概率较低的事件。这就违背了一个原则：一个链条的强度是由其最薄弱的环节决定的。从数学上来讲，情景中的最小概率事件为整个情景的概率设置了上限。如果使用平均策略，人们可能会向情景中添加更多看似合理的细节，从而增加情景的感知概率，但从数学上讲，额外的事件必然会降低整个情景的发生概率。⊖

⊖　Paul Slovic, Baruch Fischhoff, and Sarah Lichtenstein, "Cognitive Processes and Societal Risk Taking," in J. S. Carroll and J.W. Payne, eds., *Cognition and Social Behavior* (Potomac, MD: Lawrence Erlbaum Associates, 1976), pp. 177-78.

基础概率谬误

对某个情况进行评估时，分析人员有时有两类可用的证据，一类是有关当前手头个案的具体证据，另一类是对许多类似案件进行总结的统计信息，后者又被称为基础概率或先验概率。基础概率谬误是指，除非统计信息阐明了某种因果关系，否则它们经常在分析中被忽略。以下实验就说明了这一点。[○]

在越南战争期间，一架战斗机在黄昏时分对美国的空中侦察任务进行了非致命性的扫射攻击。柬埔寨和越南的战斗机都在该地区活动。你知道以下事实：

①具体案例资料：美国飞行员认出这架战斗机是柬埔寨的。在适当的能见度和飞行条件下，对该飞行员的飞机识别能力进行了测试。当在实验中被展示战斗机时（一半带有越南标记，一半带有柬埔寨标记），飞行员 80% 的时间正确识别，20% 的时间识别错误。

②基础概率数据：该地区 85% 的喷气式战斗机是越南的，15% 是柬埔寨的。

问题：战斗机是柬埔寨的而不是越南的可能性是多少？

可按照以下常见的推理程序来回答该问题。我们知道飞行员识别出飞机是柬埔寨的，我们也知道飞行员的识别正确的概率是 80%；因此，有 80% 的可能性该战斗机是柬埔寨的。这个推理看似合理，但不正确，

○　This is a modified version, developed by Frank J. Stech, of the blue and green taxicab question used by Kahneman and Tversky, "On Prediction and Judgment," Oregon Research Institute Research Bulletin, 12, 14, 1972.

因为它忽略了基础概率，即该地区 85% 的战斗机来自越南。基础概率，或者说先验概率，是指在了解具体目击事件之前，你可以对该地区敌方战机发表的任何看法。

　　尽管飞行员"可能正确"地进行了识别，但实际上飞机是越南的可能性更大。如果你对概率推理不熟悉，还没有理解到这一点，那么请想象一下，假设飞行员遇到类似情况 100 次。根据①提供的信息，我们知道，85 架越南飞机中的 80%（68 架飞机）将被正确识别为越南飞机，而20%（17 架飞机）将被错误识别为柬埔寨飞机。根据②中的信息，我们知道，其中有 85 次碰见的是越南飞机，有 15 次碰见的是柬埔寨飞机。

　　同样地，在 15 架柬埔寨飞机中，有 80%，即 12 架飞机被正确识别为柬埔寨的，而剩下的 20% 或者说 3 架飞机将被错误地认为是越南飞机。这样一来，总共目击 71 架越南飞机和 29 架柬埔寨飞机，其中，只有 12次正确地识别了柬埔寨飞机，其他 17 次都错误地将越南飞机当作了柬埔寨飞机。因此，当飞行员声称是柬埔寨战斗机发起攻击时，尽管飞行员的识别在 80% 的情况下都是正确的，但该飞机是柬埔寨飞机的概率，实际上只有 12/29，即约 41%。

　　这可能看起来像一个数学技巧，但事实并非如此。结论的差异源于飞行员观察到越南飞机的先验概率很高。由于未经训练的直觉判断并没有结合概率推理的一些基本统计原理，因此在理解上会出现困难。大多数人没有将先验概率纳入他们的推理中，因为它看起来无关紧要。比如，该地区战斗机的背景信息与飞行员的观察之间没有因果关系，所以看起来不相关。⊖该地区 85% 的战斗机是越南的，15% 的战斗机是柬埔寨的，这一事实并不是这次袭击是由柬埔寨战斗机而不是越南战斗机发起

⊖　Maya Bar-Hillel, "The Base-Rate Fallacy in Probability Judgments," *Acta Psychologica*, 1980.

的原因。

　　为了理解与因果相关的背景信息所带来的不同影响，请考虑对同一问题的另一种表述。将问题的②段信息，替换为以下内容：

　　② 尽管两国在该地区的战斗机力量大致相等，但所有的滋事事件中，85% 涉及越南战机，15% 涉及柬埔寨战机。

　　与之前的问题相比，这个问题在数学上和结构上没有变化。然而，对许多被试进行的实验表明，它对心理上的影响是完全不同的，因为它暗示了一种因果关系的解释，从而将先验概率与飞行员的观察联系起来。如果越南更有滋事倾向而柬埔寨没有，那么有关越南战斗机比柬埔寨战斗机更有可能滋事的先验概率就不再被忽略。将先验概率与因果关系联系起来，立即增加了飞行员可能观察错误的概率。

　　对于这个修订版的问题，大多数人可能会有以下推论：根据过去处理此类事件的经验，我们知道滋事通常是由越南发起的；然而，我们从飞行员那里得到相当可靠的报告，说那是一架柬埔寨战斗机。这两个相互矛盾的证据会相互抵消，因此，我们很难判断——柬埔寨和越南各自的概率大约都是 50%。当采用这样的推理时，即我们使用了先验概率的信息，并将其与具体案例的信息整合在一起，即使我们并没有进行复杂的数学计算，最终得出的结论也会更接近于最佳答案（仍是 41%）。

　　当然，很少有问题会像"越南还是柬埔寨战斗机"这个例子一样，明确地给出基础概率。当基础概率不是很清楚，但又必须对它们进行推断或研究时，这一概率就更不可能被人们使用。[⊖]

　　所谓的规划失误（我个人对此感到羞愧），就是这类问题的一个例子，

　　⊖　Many examples from everyday life are cited in Robyn M. Dawes, *Rational Choice in an Uncertain World* (Harcourt Brace Jovanovich College Publishers, 1988), Chapter 5.

在这类问题中，基础概率不是以数字形式给出，而是必须从经验中抽象出来的。在规划一个研究项目时，我可能估计它能够在四周内被完成。此估计是基于相关的具体案例的证据：所需的报告长度、原始材料的可用性、主题的难度、允许可预见和不可预见的中断等。我也拥有过去做类似估计的一套经验。和许多人一样，我几乎从来没有在最初估计的时间范围内完成过研究项目！但我被与具体项目相关的证据的直接性和说服力魅惑。所有与该项目有因果关系的证据都表明，我应该能够在分配给我的时间内完成这项工作。尽管我从经验中知道，这种情况永远不会发生，但我并没有从这种经验中吸取教训。我继续忽视基于过去许多类似项目所得的非因果的、概率的证据，估算出我几乎不可能实现的完成日期。（本书的准备时间是我预期的两倍。这些偏差确实难以避免！）

CHAPTER 13

第 13 章

评价情报报告时的事后诸葛偏差

对情报分析的评价，包括分析员对自己的判断的评价、其他人对情报结论的评价，均受到系统性偏差的影响。结果，分析员常常高估自己分析工作的质量，而其他人则倾向于低估分析员的工作的价值和质量。这些偏差不仅仅是由于自我利益和缺乏客观性，它们根植于人类心理过程之中，因此很难被克服，甚至可能是无法被克服的。⊖

○　○　○

事后诸葛偏差从三个方面影响对情报报告的评价：

● 分析员通常会高估他们过去判断的准确性。

● 情报消费者通常会低估自己从情报报告中学到了多少知识。

● 对情报失误进行事后分析的情报制作监督者通常会认为，事件容易被预见——尽管实际情况并非如此。

这些偏差的存在本身不足为奇，尽管分析员们可能没有察觉到自己

⊖ This chapter was first published as an unclassified article in *Studies in Intelligence*, Vol. 22, No. 2 (Summer 1978), under the title "Cognitive Biases: Problems in Hindsight Analysis." It was later published in H. Bradford Westerfield, editor, *Inside CIA's Private World: Declassified Articles from the Agency's Internal Journal, 1955-1992* (New Haven: Yale University Press, 1995.)

存在这样的倾向，但他们已从其他人身上观察到了这样的倾向。而让人感到意外的是，这些偏差不仅是自我利益和缺乏客观性的结果，它们是一类根植于人类心理过程之中的普遍现象，并不能简单地告诫人们要更加客观来克服。

在下面的实验中，心理学家试图让被试克服这些偏差。与结果没有利益相关的被试，被告知这些偏差的存在，并被鼓励要避免或弥补偏差。尽管已被告知，被试仍不能克服这些偏差。正如视觉错觉一样，即使我们意识到认知偏差的存在，它们仍然是不可被消除的。

那些评价分析表现的分析员、消费者和监督者有一个共同点，即他们都是在进行事后分析。他们用当前所了解的知识，与自己或别人过去所能够或应该知道的知识进行比较。这与情报分析截然不同，情报分析是对未来进行预测；而预测和事后分析这两种思维定式的差异，似乎是造成事后诸葛偏差的原因。

很显然，与事前预测相比，事后分析能获得更多的高质量信息，而对于这将如何影响心理过程，有几种可能的解释。一是事后分析时可获得的更多信息，会自然而迅速地改变人们对局势的看法，以至于人们基本上意识不到这种变化。当新信息被接收时，它会立即以无法被察觉的方式被我们已有的知识同化。如果这一新信息显著地增加了我们的知识，也就是说，假如它告诉了我们以前不确定的某情况的结果或某问题的答案，那么我们的心理图式为了整合新信息就会被重组。例如，通过事后分析，那些之前被认为与结果相关的因素可能变得无关紧要，而之前被认为与结果没有相关性的因素可能会被视为起决定性作用。

当某个观点为了吸收新信息而被重组后，实际上很难再准确地复现之前的思维定式。一旦钟被敲响，就不能再停下来。如果原有判断产生于不久之前，那么一个人可能仍能记得当时的观点，但很显然他无法准确地说明之前为什么这么想。重建我们之前针对某一情境的想法，或者说对它可能的想法，这一过程不可避免地会受到我们当前思维定式的影响。当我们知道某一情境是某种结果后，就很难去想象其他应当被考虑到的可能性。遗憾的是，就算了解到思维的这种工作方式，也对克服这种局限性没什么帮助。

正如下文实验所示，理解这些偏差能让我们学习到，分析员的情报判断并不像他们自己认为的那样好，也不像其他人认为的那样糟糕。由于这些偏差通常无法被克服，因此分析员在评价自己表现时以及在期待从别人那里得到评价时，应当将它们当作事实。这意味着人们需要做出更系统的努力以：

- 定义对情报分析员的期望。

- 制定一个制度化的程序，以比较实际结果和情报判断、估计。

- 衡量分析员是否达到了规定的预期。

接下来，我们的讨论将转向实验证据，它们从情报分析员、情报消费者和情报监督者的角度证明了这些偏差的存在。

情报分析员的角度

那些有意改善自身表现的分析员，需要根据事态的发展情况来评估自己之前的判断。而要做到这一点，分析员要么必须记住（或能够参考）他们过去的判断，要么必须基于他们对当初对情况的了解程度的记忆来重构过去的判断。这一评估过程的有效性，以及由此所推动的学习过程的有效性，在一定程度上取决于记忆或重构判断的还原准确度。

实验证据表明，人们对过去的判断有一种系统性的错误记忆倾向[⊖]。也就是说，当事件发生时，人们往往会高估自己先前预期该事件会发生的程度；且反过来，当事件没有发生时，人们倾向于低估自己先前对事件发生可能性所赋予的概率。简而言之，不论哪种情况，当进行事后评估时，事件通常看起来没有像之前看起来那样令人惊讶。这一实验证据与分析员的直觉经验是一致的。分析员很少表现出（或者说很少允许自己表现出）对所关注事件的发展状况的惊讶。

在测试对过去判断的记忆偏差的实验中，119 名被试被要求评估，在 1972 年尼克松总统访问北京和莫斯科期间，一些事件会或不会发生的概率。针对每次访问给出了 15 种可能的事件，然后要求每名被试判断每件事发生的概率。之所以选择这些事件是为了涵盖一系列可能的事态发展，并得出分布广泛的概率值。

在尼克松访问结束后的不同时间里，同一群被试被要求尽可能准确地记住或重构自己之前的预测。（在最初预测时并没有要求被试记住结果。）然后，被试被要求表明他们认为在访问中每件事是否发生了。

当被试的事先判断与他们事后对判断的回忆之间相隔 3～6 个月时，84% 的被试在面对他们认为确实发生了的事件时表现出了偏差。也就是说，对于他们相信确实发生了的事件，他们记忆中的估计概率要高于他们实际的事前估计概率。与此类似，对那些他们认为没有发生的事件，他们记忆中的估计概率要低于自己实际的事前估计概率，尽管在这种情况下，偏差没有那么大。此外，对于这两类事件，随着时间间隔的增大，

⊖ This section is based on research reported by Baruch Fischoff and Ruth Beyth in "I Knew It Would Happen: Remembered Probabilities of Once-Future Things," *Organizational Behavior and Human Performance*, 13 (1975), pp. 1-16.

偏差也增大了——当要求被试在初次判断后的两周内再次给出事后判断的偏差，要小于 3~6 个月后给出事后判断的偏差。

总而言之，对事件结果的了解，在某种程度上影响了大多数被试对自己事先判断的记忆，并且，随着时间的延长和记忆的消退，事后诸葛偏差的效应会增大。如果将实际的事前预估与实际的结果进行比较，他们应该对总统出访期间的事态发展表现得更惊讶。对于 84% 表现出预期偏差的被试来说，他们回忆中自己的预测表现明显好于事实。

情报消费者的角度

当情报报告的消费者评价情报产品的质量时，他们会问自己这样一个问题："我从这些报告中学到了多少新东西？"在回答这个问题时，大多数人都有一种一贯的倾向，即低估新信息的贡献。这种"我一直都知道"的偏见，导致消费者低估了情报产品的价值。[⊖]

为了检验人们是否确实常以上述方式对新消息做出反应，320 个被试参加了一系列的实验，他们被要求回答来自年鉴和百科全书的 75 个事实问题。为了衡量他们对自己答案的信心，被试需要给每个答案一个 50% 到 100% 之间的分数，以表示他们对自己所选答案为正确答案可能性的估计。

之后，被试被分为三组。第一组被给予先前回答问题中的 25 个，并被要求完全复原之前的回答。这只是为了测试被试记住之前答案的能力。第二组也拿到了同样的 25 个问题，但正确答案被圈了出来且标识了"供

⊖ Experiments described in this section are reported in Baruch Fischhoff, *The Perceived Informativeness of Factual Information*, Technical Report DDI- I (Eugene, OR: Oregon Research Institute, 1976).

你参考"；同样，他们也被要求重复自己之前的答案。这是为了检验知道正确答案这件事本身，在多大程度上会扭曲被试对自己之前的回答的记忆，从而衡量在前面分析员角度所讨论过的对之前评估的记忆偏差。

第三组得到了 25 个之前没出现过的问题，但这些问题的难度与之前的问题难度相似，以保证结果和其他两组有可比性。尽管每个问题的正确答案已经标记在了问卷上，研究者仍要求被试像不知道答案一样对问题进行回答。这是为了测试被试准确回忆自己在知道正确答案前有多少知识的能力。该实验情境与情报消费者所处的情境相当，后者被要求评估从情报报告中学到了多少，而他们只能通过尽力回忆在阅读报告之前自己了解了多少来评估。

第三组被试的结果最显著。他们明显地高估了自己原来知道的东西，而低估了他们从已知答案中学到的东西。在两次实验中，这组被试分别对 25 道题中的 19 道和 20 道问题的正确答案分配了更高的概率，且所分配的概率值显著地高于他们不知道正确答案时可能给出的合理概率值。

综上所述，该实验证实了之前实验的结论，即当人们知道一件事的答案后，往往会高估自己之前对这件事的了解程度。该实验还表明，人们更倾向于夸大自己在未被告知正确答案时就了解正确答案的可能性。换句话说，人们倾向于低估自己从新信息中得到的东西，同时也倾向于低估新信息帮助他们更有信心地做出正确判断的程度。只要情报消费者表现出同样的偏见，那么他们就会倾向于低估情报报告对他们的价值。

情报监督者的角度

这里所说的"监督者"，是指对高知名度的情报失误进行事后审查以评估情报工作业绩的人。这种调查由国会、情报界业内人士、中情局或情报局的管理层发起。对这些非执行部门且不常阅读情报报告的人来说，这类对已知情报失误的回顾性分析是判断情报分析质量的主要依据。

任何对情报失误的事后调查都会提出一个基本问题——鉴于当时所掌握的信息，分析员是否应该能够预见到将要发生的事情？对情报工作的评价是否公正取决于评价者是否有能力对这个问题做出公正的回答。⊖

不幸的是，一旦某件事发生了，那么就不可能从我们的脑海中抹去对该事件的了解，也不可能重构在此事发生前我们的思考过程。因为在重构过去的思考时，人们会有一种决定论的倾向，即倾向于认为已发生的事情在当时的情景下是不可避免的，因此是可预测的。简单来说，人们倾向于相信分析员应该能基于当时所掌握的信息预见事件的发生——尽管事实上这些事是无法被预见的。

下文所报道的实验正是检验了这样的假设：对结果的了解会增加人们对该结果必然性的感知，并且被告知事件结果的人基本没有意识到这一信息已经以这种方式改变了他们的感知。

在包含一系列子实验的实验中，被试被展示了用 150 字的简短摘要描述的多个事件，每件事都被安排了四种不同的可能结果。比如，其中一个事件是 1814 年英国人和廓尔喀人之间的斗争。这件事的四种可能结果是：①英国胜利；②廓尔喀胜利；③持续的战斗；④双方言和。五组各 20 名被试被分配到不同的子实验任务中。一组被试看了 150 字的有关英国人和廓尔喀人之间斗争的描述，但没有结果。另外四组看了同样的描述，但多了一句话来说明斗争结果——每组看到的结果不一样。

全部五组的被试都被要求评估四种可能结果中每种结果的可能性，

⊖　Experiments described in this section are reported in Baruch Fischhoff, " Hindsight does not equal Foresight: The Effect of Outcome Knowledge on Judgment Under Uncertainty," *Journal of Experimental Psychology: Human Perception and Performance*, 1, 3 (1975), pp. 288-299.

并评估事件描述中每一数据与他们判断的相关性。那些被告知事件结果的被试扮演准备对情报失误进行事后分析的情报监督者。他们都**试图仅根据得知结果前所能获得的信息来评估结果的概率**。结果如图 13-1 所示。

为不同结果分配的概率（%）

实验组	1	2	3	4
未被告知结果	33.8	21.3	32.3	12.3
被告知结果 1	57.2	14.3	15.3	13.4
被告知结果 2	30.3	38.4	20.4	10.5
被告知结果 3	25.7	17.0	48.4	9.9
被告知结果 4	33.0	15.8	24.3	27.0

图   13-1

不知道任何结果的小组，认为发生结果 1 的概率为 33.8%，而被告知结果 1 为实际结果的小组，分配给该结果的概率为 57.2%。显然，对结果可能性的评估受到了对结果的了解的影响。与之类似，不知道任何结果的控制组认为结果 2 发生的可能性为 21.3%，而被告知结果 2 是实际结果的组分配给结果 2 的概率为 38.4%。

6 个子实验（一共有 547 名被试进行了 2188 次评估）中全部评估结果的平均值表明，与不知道任何结果的纯预测相比，知道或相信 4 种可能结果之一已经发生，让被试对该结果的感知概率增加了 1 倍。

被试所评估的数据与结论的相关性，也同样强烈地受到他们被告知哪个结果（如果有的话）的影响。正如罗伯塔·沃尔斯特所说的那样："在事件发生后，对相关信号和无关信号进行分类要容易得多，因为在事件发生后，预示它将会发生的信号总是很清晰的。正如当灾难发生后，我们可以知道信号指示的是什么灾难，但在此之前，信号的意义是含糊且相互矛盾的。"[一]对结果的了解会自动重构一个人对已有数据与结果的相关性的判断，这一事实可能是我们难以重构不知道该结果时的思考过程的原因之一。

在上述实验的几个不同版本中，被试被要求像不知道结果一样做出回答，或者像其他不知道结果的人一样做出回答。实验结果几乎没有什么不同，这说明被试基本不知道对结果的了解如何影响了自己的感知。实验还表明，被试无法体会到他人将如何判断这些情况。被试对他人在不知道结果的情况下将如何解释数据的估计，与被试自己的回顾性解释几乎相同。

这些结果表明，那些对分析员"应该预见到什么"进行事后评估的监督者，会倾向于认为已发生的结果更容易被预测到，虽然事实并不是这样。由于监督者无法完全回到仅靠预测而不靠后见之明来看待局势的心态，他们往往会对情报工作的表现提出更苛刻的要求。

实验讨论

这些揭示了偏见及其抵抗纠正措施特点的实验，是由美国国防高级研究计划局资助的决策分析研究计划的一部分。不足的是，实验的对象是学生，而不是情报界的业内人士。尽管如此，我们仍有理由相信实验结论可以被推广到情报界。实验研究的是人类的基本心理过程，并且结果似乎确实符合个人在情报界的经验。在类似的心理实验中，包括情报分析员在内的行业专家被当作被试，这些专家的反应模式与学生的模式

[一]　Roberta Wohlstetter, *Pearl Harbor: Warning and Decision* (Stanford, CA: Stanford University Press, 1962), p. 387. Cited by Fischhoff.

相同。

在我自己的有瑕疵的实验中，我让情报分析员当被试，重复了上述实验，结果也证明了前面结论的有效性。要检验情报分析员通常会高估自己过去判断的准确性这一说法，有两个必要的前提条件：第一，分析人员必须以定量的方式进行一系列的评估——也就是说，他们不仅要说某件事是可能发生的，而且要说，比如，"有 75% 的可能发生"；第二，必须能够明确地判断所评估的事件是否发生。当这两个先决条件具备时，就可以回顾以检查分析员对早前评估的回忆。由于中情局的评估很少以量化的概率来说明，并且由于在特定时间段内待评估事件是否发生往往无法确定，因此，这些先决条件很少得到满足。

然而，我确实找到了几位分析员，他们针对两个截然不同的主题，对事件的可能性进行了定量估计，并且这些事件的结果是明确的。我找到这些分析员，请他们回忆之前的评估。这个迷你实验的条件远非理想，结果推理也并非逻辑严谨的，但它确实倾向于支持从上述更广泛和更系统的实验中得出的结论。

所有这些都可以得出如下结论：这三种认知偏差在情报界人士身上普遍存在。事实上，人们可以推论，这些认知偏差在外交事务专家身上会更常见，因为他们的职业生涯和自尊心都取决于他们判断的假定准确性。

我们可以克服这些偏差吗

分析员常常批评对情报工作的有偏评价，这些批评中客气的那些认为偏差是来自无知，不客气的那些则将偏差归咎于私利和缺乏客观性。这些因素可能也起作用，但实验表明，人类心理过程的本身也是重要原因，而且是比无知或缺乏客观性更棘手的原因。

实验中，被试的自身利益并没有受到威胁，但他们表现出了分析员所熟悉的那种偏差。此外，在这些实验情境中，想要克服这些偏差对人们来说非常难。被试被要求应像不知道答案那样来进行评估，但他们无法做到这点。甚至实验者引用之前的实验结果，向一组被试专门介绍了这类偏差，然后要求这组被试尽量克服偏差，他们也未能做到。可见，即使尽可能多地了解了这类偏差并有主观的努力想要消除它，人们依然无法克服这种偏差。

这类偏差的顽固性表明，它确实扎根于我们心理过程之中。那些在了解到事件的实际结果后试图回忆之前评估的分析员，那些思考一份报告让自己增加了多少知识的情报消费者，以及那些判断分析员是否应当能避免情报失误的监督者，他们有一个共同点：都被卷入到了涉及事后评估的心理过程。他们试图消除已有的或多或少的确定信息的影响，以回忆、重构或想象在得到这些信息之前，自己对某一主题不确定性的判断或可能判断。

然而，接受了确定的或权威的信息这件事本身，似乎会立即无意识地重构一个人的心理图式，使之与新的信息保持一致。一旦过去的认知被重组，想要准确地重构之前已有的或可能的思维过程，似乎是非常难的，甚至是不可能的。

有一种方法可能有助于克服这些偏差，那就是分析员向自己提出这样的问题："如果出现了相反的结果，我是否会感到惊讶？"消费者则应该问："如果这份报告的结论是相反的，我会相信吗？"而监督者应该问："如果发生了相反的事情，那么在现有信息下，它是可以被预测的吗？"这些问题可以帮助人们回忆或重构在阅读报告前或在了解到事情结果之前所存在的不确定性。

　　本章的读者可以检验上述克服偏差的方法，尤其是那些认为本章没有告诉他们多少新知识的读者。如果本章的结论是"心理实验表明，不管是分析员高估自己评估准确性，或者是消费者低估情报报告价值，都没有一致的模式"，你会相信吗？（答案：可能不会。）如果本章得出结论"心理实验显示，这些偏差仅是由私利和缺乏客观性造成的"，你会相信吗？（答案：可能会。）以及如果本章告诉你，这些偏差可以通过尽心尽力地客观评价来克服，你会相信吗？（答案：可能会。）

　　这些问题可能会让你回忆在阅读本章之前，自己所拥有的知识或信念。这样一来，这些问题将突显出你在本章所学到的知识：对情报判断的评估存在重大偏见，而这应归因于人类心理过程的特点而不应仅归咎于私利和缺乏客观性，因此，这些偏差是极难克服的。

Psychology

—— of ——

Intelligence

Analysis

第四部分

结　论

CHAPTER 14

第 14 章

改善情报分析

本章为分析员提供了一份清单，总结了一些有助于发现前面各章所提到的易犯错误的窍门。本章也给出了可供情报分析管理者参考的步骤，以帮助其创造一个有利于产出高质量分析的环境。

○ ○ ○

如何改善情报分析？这是一个挑战。为实现这一目标，人们尝试过各种传统的方法：为分析员收集更多更好的信息；改变分析过程的管理；增加分析员的数量；提供语言和领域知识的培训以提高分析员的专业能力；完善雇员筛选和留任的标准；提高分析员的报告撰写技能；调整分析员和情报消费者之间的关系，以及修改分析产品的类型。

这些措施可能都对改善情报质量起到了很重要的作用，但是，分析首先是一个心理过程，而不同水平的分析员对如何改善自己的思维方式都鲜有投入。事实上，想要从根本上改善分析，分析员就必须更好地理解、影响和指导自己的心理过程。

给分析员的清单

在给分析员的这份清单中，总结了分析过程中遇到雷区时的操作准则。遵循这些准则，分析员将减少犯错的可能性，并提升自己做出正确判断的概率。接下来的讨论将围绕分析过程中的六个关键步骤展开：定义问题、产生假设、收集信息、评估假设、选择最可能的假设，以及对新信息进行持续监控。

定义问题

首先，要确保你提出的或者你被问到的是正确的问题。如果想要做与任务要求不同的事，可以向上级指挥员提出建议，别犹豫。那些提出要求的决策者可能并没有考虑清楚自己的需求，或者可能最初的需求经过多个管理层的传递后，已变得有些混乱。你可能比决策者更了解他们需要什么、应该得到什么，或者可以做什么。此外，也需要在任务一开始的时候就确保你的主管知道，他需要在分析质量和分析时间之间做出权衡。

产生假设

确定需要考虑的所有可能假设。通过咨询同事和外部专家，列出尽可能多的想法。以头脑风暴的方式来进行这一步，在所有的想法都被列出来之前，尽量不要做判断。

之后，将清单里的假设数量进行缩减，以便开展更详细的分析。通常情况下，需要包含一个"欺骗假设"——另一个国家或组织正在进行否认和欺骗——以影响分析员的看法或行动。

在这个阶段，不要仅仅因为没有证据支持，就将合理的假设给排除掉。这一原则尤其适用于"欺骗假设"。如果某个国家试图通过否认和欺骗来掩盖其意图，那么在开始对这一可能性进行分析之前，你可能不应该期望看到支持它的证据。"欺骗假设"，以及那些可能没有直接证据但合理的假设，应该进入到下一个阶段以便被仔细分析，直到有充分的理由才能被排除掉。

收集信息

要解决所有的分析问题，仅仅依靠被动接收的信息恐怕是不够的。为了完成好这项工作，你可能需要主动地到其他地方寻找和挖掘更多的信息。与情报收集者、指挥部的其他工作人员或一线分析员交流，往往能获得新的信息。此外，还可以请教学术专家，或查阅外国报纸和专业期刊。

收集信息是为了评估所有合理的假设，而不是为了仅仅评估看起来最有可能的那一个假设。然而，探索之前并未认真考虑过的假设，往往会让分析员进入自己未曾预料到的、不熟悉的领域。比如，评估欺骗的可能性需要了解另一国家或组织进行否认和欺骗的动机、机会和手段，而这反过来可能又需要对美国在信息收集方面人力和技术的优劣势有所了解。

此外，重要的是，在收集有关各个假设的信息时，不应同时做判断。在信息很少时就形成对一个假设的印象是很容易的，但这一印象一旦形成，就很难改变。如果你认为自己已经知道了答案，你需要问问自己，什么将让你改变想法，然后去寻找相应的信息。

尽可能给出多个备择假设，并判断在同等的条件下，每个备择假设和你先入为主的观点相比，哪个更有说服力。系统地构建一个备择假设的过程，通常会增加该假设的感觉上的可能性。"愿意从偏门和热门假设的不同背景出发，对信息进行多个角度的研究，是一个好侦探的基本特征，无论最终是为了找到罪犯还是为了评估情况。"⊖

⊖　Roberta Wohlstetter, *Pearl Harbor: Warning and Decision* (Stanford: Stanford University Press, 1962), p. 302.

评估假设

不要因为有很多证据支持你先入为主的假设，就简单地认为这一假设是最有可能的。同样的证据可能与多个不同的假设都相符。应将精力更多地放在寻找每个假设的反对证据上，而不是试图去证实某个假设。换句话说，对那些削弱一个或多个假设的可能性的证据（即表明这些假设与别的假设相比更不可能的证据），应该尤为关注。

需要意识到的是，你的结论可能是由影响你如何解释证据的假设决定的，而不是由证据本身决定的。那些关于他国利益和做事方式的假设，尤其关键。只要能在分析过程中将所有的假设都明确出来，并得出最终结论受到这些假设影响的敏感度，那么不管是什么样的假设都能被接受。你需要问自己的是，如果假设发生了变化，是否会导致对证据的不同解释，甚至是得出不同的结论。

可以考虑用第 8 章中介绍的矩阵格式，来对证据以及它与各种假设的关系进行追踪。

警惕各种认知偏差。尤其是如果你无法充分地从另一个国家的视角来理解某个情况是如何发生的，这时所产生的偏差尤其危险。不要通过假设敌方的可能做事方式来填补自己的知识空白，尤其不要基于美国政府或其他美国人在类似情况下的反应来假设敌方的行事方式。

要认识到，美国对某个国家的国家利益和决策过程的看法，往往与该国对自身利益的看法以及该国实际决策的方式不同。例如，在 1989 年到 1990 年间，许多中东事务的分析员明确表示，在漫长的两伊战争之后，伊拉克将遣散部分武装部队，以恢复经济；他们还得出结论，巴格达会认为攻击邻国的阿拉伯国家并不符合伊拉克的最大利益。但现在，我们知道这些分析员错了。

在判断另一个国家可能采取何种行动时，应投入全部必要的时间和精力，向最了解该国政府实际想法和可能做出的决定的专家咨询。

不要认为外国政府的每一次行动都是为了追求既定目标的理性决策。应该认识到，有时最好将政府行动解释为半独立官僚机构之间讨价还价的产物，决策过程掺杂着各种非理性，比如不合时宜地刻板遵循标准流程、意外的结果、不遵守命令、混乱、意外甚至是巧合。

选择最可能的假设

分析过程的推进，应该通过尝试拒绝假设而不是确认假设来进行。最有可能的假设通常是反对证据最少的假设，而不是支持证据最多的假设。

在陈述结论时，请注意考虑所有的合理假设。引用支持你的判断的论据和证据，但也要简要说明为什么其他选择被拒绝或被认为不太可能。为了避免歧义，请在关键判断的不确定性表达之后，用括号插入某个具体的概率或概率范围。

持续监控

在一个瞬息万变的不确定世界里，分析的结论始终是初步的。外部的情况可能会发生变化，或者外部情况本身没变但你得到的新信息改变了你对它的理解。明确要监测或寻找的内容，一旦观察到这些内容，则表明结论的发生概率将发生重大变化。

当新信息与你之前的理解不符时，请特别注意它带给你的惊讶。思考一下这一令人惊讶的信息是否与其他假设一致。无论惊讶感有多微小，它都可能是重要的线索，表明你需要调整对当下所发生事情的理解——你原来的理解可能是不完整的甚至是错误的。

对分析进行管理

本书中描述的认知偏差，对情报分析的管理和执行都有意义。本章的最后部分将探讨情报分析的管理者可以采取哪些措施，以创造一个有利于产出高质量分析的组织环境。这些措施可以分为四大类：研究、培训、接触其他思维方式，以及指导分析产品。

研究支持

管理层应支持研究的开展，以便更好地了解在进行情报判断时所涉及的认知过程。管理者对情报分析中所需思维技能有更好的了解是必要的，以便更好地对求职者进行测试以及对分析员进行提高培训。此外，分析员还需要更全面地了解认知局限性将如何影响情报分析，以及如何将其影响降到最低；他们需要简单的工具和技术来帮助自己避免可避免的错误。在这方面要做的研究太多，以至于很难知道从何入手。

被选派到情报界任职的学者，除了认知心理学家，也应包括其他对研究情报分析员的思维过程感兴趣的不同背景的学者。此外，还应为有前途的学者提供博士后奖学金，以鼓励他们在这一领域开展研究工作。随着时间的推移，这将有助于建立更扎实的知识基础，以了解分析员如何做，或应该如何做分析判断，以及哪些工具或技术可以帮助他们。

管理层还应支持对情报分析员的思维定式和内隐思维模型的研究。由于这些思维定式或模型在分析员感知外国事态发展时，充当着"屏幕"或"镜头"的作用，因此，那些考察"镜头"性质的研究可能与那些更直接关注外国地区本身的研究一样，将有助于分析员做出准确

的判断。[⊖]

训练

大部分面向情报分析员的培训都集中在组织程序、写作风格和方法论技巧上。书面表达清晰的分析员，通常被认为分析思路也清晰。然而，遵循错误的分析程序，却写出清晰而有说服力的论据以支持一个错误的判断是很有可能的。

应该将更多的培训时间用在训练情报分析判断所涉及的思考和推理过程上，以及用于学习可以克服或纠正已知认知偏差的行业工具上。本书旨在支持这类培训。

如果在培训中辅以持续的建议和帮助，那么培训的效果将会更好。在许多领域里，如果一个有经验的教练能够持续对学员的表现进行监测并对学员进行指导，那将是对课堂教学的宝贵补充，这一点在情报分析领域也不例外。这项工作本应由部门主管或高级分析员来完成，但他们往往忙于应对其他紧迫的需求而无暇顾及。

因此，需要考虑如何组建一组分析教练员以指导新的分析员，或向处理困难问题的分析员提供咨询。一个可能的模式是运作于许多社群的SCORE组织。SCORE 是"退休高管高级军团"（Senior Corps of Retired

---

⊖ 格雷厄姆·艾利森（Graham Allison）在古巴导弹危机方面的研究（《决策的本质》）就是我所想到的一个例子。艾利森提出了关于政府运作方式的三种可能假设：理性行为者模型、组织过程模型和官僚政治模型。然后他通过实验展示了，分析员关于什么是最适合分析外国政府行为模型的内隐假设，是如何导致他专注于不同证据并得出不同结论的。另一个例子是我自己针对克格勃叛逃者尤里·诺森科争议案件所做的关于反间谍活动判决的五种可能途径分析：Richards J. Heuer, Jr., " Nosenko: Five Paths to Judgment, " *Studies in Intelligence*, Vol. 31, No. 3 (Fall 1987), originally classified Secret but declassified and published in H. Bradford Westerfield, ed., *Inside CIA's Private World: Declassified Articles from the Agency Internal Journal 1955-1992* (New Haven: Yale University Press, 1995)。

Executives）的缩写，它是一个由退休高管组成的全国性组织，组内成员自愿花时间为创业的年轻企业家提供咨询。在情报社区里，也应该可以组建一个由退休分析员组成的小团队，他们拥有应该传授给新手分析员的技能和价值观，并自愿（或受雇）每周来这里为初级分析员提供几天咨询。

新手分析员应该需要阅读一套指定的、与分析有关的书籍或文章，并每月参加一次为期半天的会议，以讨论与分析员职业发展相关的阅读或其他经验。也可以针对有经验的分析员组织类似的讨论，这可以让分析员更加了解自己在进行分析时所使用的程序。这类阅读及讨论除了具有教育意义外，也将为分析员提供共同的经验和词汇，以便他们彼此之间以及与管理部门之间就分析中遇到的问题进行交流。

我对有资格列入必读清单的书籍建议如下：罗伯特·杰维斯的《国际政治中的知觉与错误知觉》、格雷厄姆·艾利森（Graham Allison）的《决策的本质：还原古巴导弹危机的真相》、托马斯·库恩的《科学革命的结构》。尽管这些书籍的出版年月已久，但它们都是具有永久价值的经典之作。当然，现在的分析员们还会有其他作品可以推荐。中情局和情报界对情报失败的事后分析也应该成为阅读计划的一部分。

为了促进组织层面的记忆和学习，针对所有重大的情报失败都应进行彻底的事后分析。成功的分析（有别于信息采集）也应该被研究。此外，所有的情报案例都应整理并统一保管，以方便查阅，从而确定成功案例和失败案例各自的特征。针对成功和失败的原因及后果的元分析结论，应该广泛宣传并在培训计划中使用，以增强分析员对分析问题的认识。

为了鼓励分析员从经验中学习，就算没有重大失误的案例，管理者也应要求对分析表现进行更频繁、更系统的回顾性分析。管理者不应该从任何单次正确或错误的判断实例中得出关于某分析员能力的结论，但一系列相关的判断（无论它们是否被随后的事件证实），则可以揭示分析员心理模型的准确或不准确程度。获得对过去判断准确性的系统反馈通常是困难甚至是不可能的，特别是在政治情报领域。政治判断通常是以不精确的措辞来表述的，并且一般依赖于其他事态的发展。即便是回顾性分析，也没有客观的标准来评价目前所撰写的大多数政治情报判断的准确性。

然而，在经济和军事领域，由于评估通常是定量的，因此对分析表现的系统反馈是可行的。在这些定期例行更新评估数字的领域，回顾性评估应成为标准程序。然而，只有当回顾性评估是为了客观地寻求更好的理解，而不是为了找出替罪羊，或评估责任时，从回顾性评估中学习这一目标才能实现。这一要求表明，回顾性评估应在报告撰写的组织内定期进行，即使这样做会导致失去一些客观性。

接触其他思维方式

官僚体制的现实会产生强大的服从压力。管理层需要有意识地做出努力，以确保合理、相互竞争的意见在情报界内都能出现。分析员需要享有安全感，以便能表达出某些刚冒出来的新想法，并且表达得掷地有声，不必担心会因为这些想法偏离正统观念而受到批评。

本书的大部分内容涉及帮助分析员在面对其他观点时保持更开放的态度。管理层可以通过组织各类活动来让分析员面对不同的观点，例如外部专家咨询、分析性辩论、竞争性分析、魔鬼代言人、博弈游戏和跨学科头脑风暴。

当做好某个重要判断需要依赖对外国文化的了解时，咨询外部专家是非常重要的手段，这能帮助避免大卫·耶利米上将所说的"每个人都像我们一样思考的思维定式"。与这些外部专家相比，情报分析员通常在所研究国家的生活时间更短，对其文化的吸收也更少。如果分析员不能充分了解外国文化，那么他们将不会以外国政府的视角来看待问题。相反，他们可能会倾向于镜像思维，即认为对方国家的领导人和我们的想法一样——他们会假设，如果我们处在对方的立场上，那么我们要做的事就是对方此时将要做的事。

镜像思维是分析错误的常见原因，据报道，1998 年情报界未能对印度即将进行的核武器试验发出警告，就是因为镜像思维。耶利米上将在带领一个美国政府小组对印度事件进行分析后，建议每当局势出现可能导致政策变化的重大转变时（比如印度教民族主义者在 1998 年大选中获胜并上台执政时），情报界应更系统地使用外部专家。⊖

对分析报告的发布前审查，为人们提供了从不同角度看待问题的机会。审查程序应明确质疑分析人员在寻找和检查证据时所采用的心理模型。分析员的哪些假设未在草案中讨论，却是主要判断的基础？哪些备择假设已经被拒绝，原因是什么？什么会导致分析员改变想法？

理想情况下，审查过程应该让来自其他领域的分析员参与，尽管他们并不是报告相关主题的专家。一般来说，同一部门的分析员具有类似的思维方式，而过去由其他部门分析员进行审查的经验表明，具备其他领域专门知识的批判性思考者对审查的贡献很大：他们往往能看到作者没看到的东西，或提出作者没有提出的问题。由于他们没有陷入报告的具体内容中，他们能更好地确定假设，并评估论证方式、内部一致性、逻辑以及证据与结论的关系。审查人也能从这一过程中受益，因为能学到独立于分析主题的有关优秀分析的标准。

指导分析产品

在关键问题上，管理层应拒绝大多数单一结果的分析，这类分析仅

⊖　大卫·耶利米上将在中情局新闻发布会上的讲稿记录，1998 年 6 月 2 日。

关注分析员认为可能发生或最有可能发生的事情。当我们无法容忍错误的时候，或者当欺骗发生的可能性很大的时候，管理层应考虑强制执行一个如第 8 章所描述的系统分析的过程：要求分析员列出曾考虑过的备择假设，证明为什么这些备择假设的可能性更小，并需要明确给出事件未如预期发展的概率。

即使分析员坚信某件事情不发生的概率，假设是 75%，那么仍有 25% 的可能性这件事会发生。将概率明确出来有助于决策者更好地界定问题：这 25% 的可能性是否值得制订某种形式的应急计划？

如果可能性较小的假设，是类似印度政府履行其竞选承诺进行核武器试验那样，那么，即便是 25% 的可能性也足以要求技术搜集系统提高警戒级别。

不确定的口头表达——可能、也许、不可能、大概等，长期以来一直被认为是模糊和误解的根源。大多数不确定性的口头表达都只是空壳，读者或听者会结合这些词语的使用语境和自己头脑中对表达主题的理解，来填充它们的含义。情报消费者对不精确概率判断的解释，又总是会倾向于与自己已有信念保持一致。这意味着，情报报告的价值将被低估，且难以对消费者的判断产生影响。当处理低概率但后果严重的危险时，这种模棱两可的情况尤其麻烦，因为决策者可能希望针对这些危险制订应急计划。

情报分析的管理者需要向分析员表明，只要能清楚地告知读者不确定的程度、不确定的来源，以及需要注意哪些可能澄清情况的关键信号，那么分析中的不确定性是没有问题的。在括号中插入比值或数字形式的概率范围以明确分析的关键结论的概率应成为标准做法。

如果管理层分配更多的资源去监控和分析那些看似低概率的、而一旦发生就会对美国政策产生重大影响的事件，那么将降低未来出现意外的可能性。分析员往往不愿意主动投入时间去研究他们认为不会发生的事情，因为这样的努力并不会让分析员升职，尽管如果原以为不可能的事件一旦真的发生时，它将会毁掉分析员的职业生涯。考虑到当前工作的日常压力，管理层和分析员有必要明确哪些可能性较小但影响较大的事件需要分析，并分配资源来应对它们。

　　一个准则可用于识别需要专门分配资源的小概率事件，即提出以下问题：无论这种情况发生的概率有多小，当决策者充分了解到风险之后，他们有可能会制订应急计划，或采取某种形式的预防或先发制人的行动吗？如果答案是肯定的，就应当投入资源去分析看起来不太可能发生的事情。

　　情报管理者应支持定期从头开始对关键问题的分析进行重新检查，以避免陷入增量方式的陷阱。随着时间推移一点点地接受新信息的这种方式，使得分析员更易将新信息整合进现有观点中，因为单条的信息难以促使分析员颠覆自己以前的观点。而大量信息累积后得到的消息可能很重要，但如果不将这些信息作为一个整体来审查，将难以重视其中的价值。

　　最后，管理层应该让情报消费者知道情报分析的局限性和能力范围，也应确定一套切合实际的期望，以作为判断分析表现的标准。

写在最后

　　分析是可以改进的！本书所讨论的任何措施都不能保证分析员总能从他们通常使用的不完整和模棱两可的信息中得出准确的结论。偶尔的情报失败是必然会发生的。然而，总的来说，这里讨论的措施肯定可以提高分析员的胜算。

理 性 决 策

《超越智商：为什么聪明人也会做蠢事》

作者：[加] 基思·斯坦诺维奇 译者：张斌

如果说《思考，快与慢》让你发现自己思维的非理性，那么《超越智商》将告诉你提升理性的方法

诺贝尔奖获得者、《思考，快与慢》作者丹尼尔·卡尼曼强烈推荐

《理商：如何评估理性思维》

作者：[加] 基思·斯坦诺维奇 等 译者：肖玮 等

《超越智商》作者基思·斯坦诺维奇新作，诺贝尔奖得主丹尼尔·卡尼曼力荐！

介绍了一种有开创意义的理性评估工具——理性思维综合评估测验。

颠覆传统智商观念，引领人类迈入理性时代

《机器人叛乱：在达尔文时代找到意义》

作者：[加] 基思·斯坦诺维奇 译者：吴宝沛

你是载体，是机器人，是不朽的基因和肮脏的模因复制自身的工具。

如果《自私的基因》击碎了你的心和尊严，《机器人叛乱》将帮你找回自身存在的价值和意义。

美国心理学会终身成就奖获得者基思·斯坦诺维奇经典作品。用认知科学和决策科学铸成一把理性思维之剑，引领全人类，开启一场反抗基因和模因的叛乱

《诠释人性：如何用自然科学理解生命、爱与关系》

作者：[英] 卡米拉·庞 译者：姜帆

荣获第33届英国皇家学会科学图书大奖；一本脑洞大开的生活指南；带你用自然科学理解自身的决策和行为、关系和冲突等难题

《进击的心智：优化思维和明智行动的心理学新知》

作者：魏知超 王晓微

如何在信息不完备时做出高明的决策？如何用游戏思维激发学习动力？如何通过科学睡眠等手段提升学习能力？升级大脑程序，获得心理学新知，阳志平、陈海贤、陈章鱼、吴宝沛、周欣悦、高地清风诚挚推荐

更多>>>　　　《决策的艺术》 作者：[美] 约翰·S.哈蒙德 等 译者：王正林